博瑞森图书
BRAGE

企业阅读 本土实践

管理 · 人文 · 生活

这样打造
快消品标杆市场
持续增量的营销方法

罗宏文　牛玉龙◎著

中华工商联合出版社

图书在版编目（CIP）数据

这样打造快消品标杆市场：持续增量的营销方法/罗宏文，牛玉龙著.
—北京：中华工商联合出版社，2018.9
ISBN 978-7-5158-2404-8

Ⅰ.①这… Ⅱ.①罗… ②牛… Ⅲ.①消费品市场－市场营销学
Ⅳ.①F713.58

中国版本图书馆 CIP 数据核字（2018）第 177565 号

这样打造快消品标杆市场：持续增量的营销方法

作　　者： 罗宏文　牛玉龙
责任编辑： 于建廷　效慧辉
责任审读： 郭敬梅
封面设计： 久品轩
责任印制： 迈致红
出版发行： 中华工商联合出版社有限责任公司
印　　刷： 北京宝昌彩色印刷有限公司
版　　次： 2018 年 10 月第 1 版
印　　次： 2018 年 10 月第 1 次印刷
开　　本： 710mm × 1000mm　1/16
字　　数： 230 千字
印　　张： 16
书　　号： ISBN 978-7-5158-2404-8
定　　价： 88.00 元

服务热线： 010－58301130
团购热线： 010－58302813
地址邮编： 北京市西城区西环广场 A 座
19－20 层，100044
http：//www.chgslcbs.cn
E-mail：cicap1202@sina.com（营销中心）
E-mail：gslzbs@sina.com（总编室）

导读

打造和管理快消品标杆市场，是笔者花了将近 10 年的时间实践研究总结出来的方法，也是本书的核心内容，帮助你解决如何成功打造标杆市场和进行持续增量管理两大问题。

TPS 三个字母在管理过程中分为两层含义：第一层是整体的，T 代表市场环境、P 代表产品、S 代表对市场环境和产品进行管理要达到的目标。第二层是对第一层的切割，也叫作进一步深挖细化管理，T 代表在市场环境中选定的某个小市场环境，叫作目标环境；P 代表在产品中选定的某个产品叫作目标产品；S 代表管理目标环境和目标产品来完成计划目标应采取的策略，叫作目标策略。

在企业管理、市场营销、市场管理及个人职业成长过程中遇到问题时，你只需以遇到的问题为导向，用 T、P、S 三个字母进行目标定位，然后进行系统挖潜切割并施予相应策略就能做好。

如何快速掌握并且会用这本书的核心内容呢？

首先，需要读懂 T、P、S 这三个字母的真正含义，在实际应用中遇到问题时要用 TPS 系统做出动态定位。

其次，重点读懂传统样板市场打造与真正可复制标杆市场打造的区别，记住成功的样板市场不能复制，但需要“嫁接”。如何嫁接？只需掌握利用打造可复制标杆市场的五个关键步骤——“两个分析三个确定”，即目标环境分析、目标产品分析、确定目标队伍、确定目标任务、确定目标策略。注意每一步的顺序不能颠倒，其中环境分析和产品分析决定标杆市场打造的成败。本书中再现了一支单品两个规格，一个县城 50 家餐饮门店是如何用 TPS 系统方法做成标杆市场并创造了单月销售 18000 件产品的纪录。

最后，标杆市场建好后，想要管理市场持续增量，需要掌握管理增量系统的六个循环节奏，即人员管理、管道完善、终端疏导、产品搭配、促销效益和资金回收。

熟记并灵活运用目标环境（T）、目标产品（P）和目标策略（S）这三者之间的“铁三角”关系来管理企业、市场、人员，期望能助你一臂之力。

序言

这本书凝结了我 10 年的心血，没有修饰的语言，这是我对待工作和生活的真实态度。

我经常问一些困扰自己的问题，比如，为什么你看了那么多有关企业管理的工具书，企业还是有问题？为什么你的年度规划看上去很好，拿到市场上却执行不下去？为什么你到了职业成熟期（35 ~45 岁），也有了经济基础，反而发现无处可去倍感生活压力？为什么一说打造样板市场，老板就认为你是花钱的主？为什么打造样板市场后总是有很多遗留问题？为什么你花钱辛苦打造的样板市场却不能复制，一复制就出问题？你也按照大师说的秘籍打造了样板市场，为什么产品还是卖不出去？为什么大师讲的增量工具，你听后觉得非常有道理，但是自己去做却没有效果？为什么各种总裁班、学习班中老师给你演绎的工具，别人用就有效果，你一用就出错？……你的企业或者你自己，有没有遇到这些困惑？如果有，那么请你认真阅读这本书，我们一起探讨如何利用环境（T）、产品（P）和目标（S）这三者之间的“铁三角”关系来管理企业、管理市场和管理自己的职业成长。

我在 2009 年之前就关注样板市场的打造，总是失败多于成功。按道理说已经有了之前的经验，很多方法都是照着做的，为什么总会失败呢？带着疑问，继续在实践中摸索研究，直到 2009 年 9 月，娃哈哈公司创造了二套网络实践，非常可乐打开洛阳市场，以及娃哈哈公司在滑县二套网络的成功组建，我才终于发现真正成功的样板市场不能复制，是需要“嫁接”。在研究过程中还发现，真正成功的样板市场应该叫作标杆市场，它包括样板市场和根据地市场，即指挥系统。

标杆市场到底怎么打造？成功的样板市场到底怎么做？到底需要什么样的指挥系统来服务？又去哪里找到这套指挥系统？为了找到可行的办法，我曾报班就读 MBA 和 EMBA，还深入研究华为、雅马哈、小米、三只松鼠、江小白、六个核桃、老干妈、酒客来、农夫、1919、良品铺子等企业的管理和市场运作，但是始终没有找到想要的核心数据。

一个很偶然的机会，2010 年 5 月 1 日，我应一位 MBA 学友的邀请，为他的几十个员工讲职业生涯规划。做了 10 多年饮品销售管理的我，第一次和服装业打交道，也不知道讲什么好，就讲了自己的成长故事。这位学友说我讲得很好，对他的员工和他自己触动很大，晚上他又邀请了几个朋友一起吃饭。席间我认识了一位汽车爱好者，同时他也是一名优秀的汽车销售员，对轿车情有独钟。

那天都高兴，就喝了不少酒，大家天南海北地聊，当然也少不了聊汽车。比如，在日常开车中遇到一些问题怎么处理？如果想买车，买哪些车比较经济实惠并且综合性能好？我正好在 2009 年年底挤进有车一族，对车的话题非常感兴趣，一方面是出于对车辆使用真的无知；另一方面是自己从穷小子走上有车族，内心里有一点点自豪，再加上身边的几位朋友购买的正好都是丰田系，就特别关心车辆在使用过程中的综合性能。

没想到正是这个偶然的机会和闲聊，这位汽车爱好者给我透露了丰田汽车的 TPS 效率事务处理系统，为我研究可复制标杆市场的打造及构建持续增量服务系统提供了巨大的帮助。直到 2017 年 10 月，我终于通过实践验证并研究出了这套 TPS 营销指导系统。

现在拿出来与大家分享，希望它能帮助到你，让梦想插上目标的翅膀，伴你一路前行！

罗宏文

2018 年 1 月 10 日

第一篇　如何打造可复制的标杆市场

第一篇

如何打造可复制的标杆市场

第一章

Chapter 1

打造标杆市场的高效率模式

第一节 TPS 三个字母的魔力

我的终极目标是要提炼出一种模式来打造标杆市场、增量系统构建和进行企业管理，所以必须要清楚其中每个字母到底代表什么，有什么魔力。我咨询丰田汽车爱好者，他告诉我在丰田汽车生产管理系统中，T 代表丰田、P 代表生产线、S 代表系统策略，在此非常感谢这位爱好者！我苦寻的神秘 TPS 就这么简单，有点激动，也有点怀疑。按照这个含义，T、P 和 S 三个字母的魔幻组合中，它们之间是如何相互影响，如何灵活发挥作用的呢？

带着疑问我继续百度查找一下，诠释 TPS 三个字母对应的词条并不多，但是单独作为管理系统的只有 1 条，比美国太古可乐的保密配方还神秘，说明日本企业的保密工作做得还是不错的，也反映了要真正对这个系统进行彻底研究是非常不容易的。在随后的进一步研究中我发现，日本企业领域使用最多，美国企业领域使用次之，而国内的企业使用的都属于顶级企业或者个性企业。比如，国内某食品企业施行的零库存管理，某电子企业施行的产品提前预定、限时抢购、某调味品企业施行的无废料生产等，都是TPS效率事务处理系统中的8个管理重点之一。

根据这个含义，如果把T、P、S三个字母导入企业管理和市场营销，那么这三个字母又该按照什么顺序排列，重点是如何使用到标杆市场打造中？带着疑问，本着严谨负责任的态度，为了让读者朋友更加明白，我强烈建议先看一下关于“市场营销”的定义：

市场营销又为称市场行销或行销学，是在创造、沟通、传播和交换产品中，为顾客、客户、合作伙伴及整个社会带来经济价值的活动、过程和体系，是营销人员针对目标市场开展经营活动和销售行为的全过程。从这个定义不难看出，最简单直接的概括：市场营销就是把产品推向消费领域各种活动的总和。这样既有营销的行为在，也有销售的行为在。这种推拉结合能完整地解决谁来买、谁来卖的问题。要完成这个推拉活动：一是要有产品（包括思想、服务）；二是要找到消费群体；三是对目标群体完成各种活动要达到的目的。

经过实战研究，其实T就是定位目标环境，即先找到消费群体焦点，消费者是谁、聚焦到底为谁服务、群体数量多大，先有环境和客户才能赚到钱；P就是定位目标产品，即产品只为某部分人服务，要具有唯一性或者独特性，只会满足小范围服务；S就是定位目标策略，即如何完成活动框架任务方法的细节。通过T、P、S三者之间科学有效的组合，形成一个“铁三角”，相互之间既独立又密不可分的互动环扣，从而形成营销动力管理系统，就像汽车的动力系统和制动系统，既可以让汽车快速跑起来，又可以让汽车快速停下来，如图1-1所示。

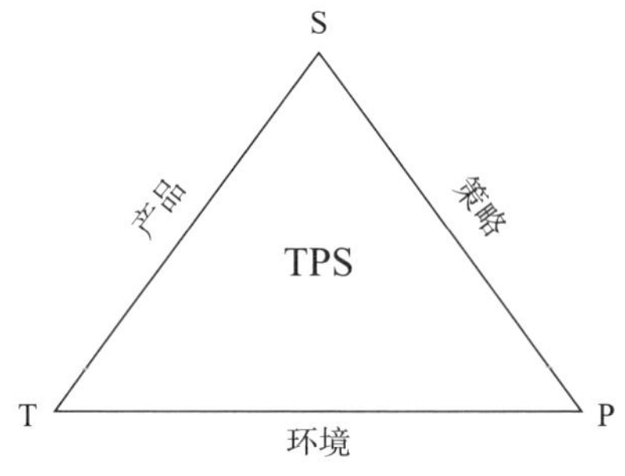

图1-1　T、P、S“铁三角”

为了找到这套能落地的动能方法，我从2009年9月到2017年10月，在历时近9年的快消品活动中多次营销落地、试错实践验证后，得出了关键组合结论。T、P、S三者之间互动组合时，只要进行目标T（环境）细分，找到消费群体，确定P（产品）去处，拟定如何实现各种任务（S）目标，制定出完成相应的目标应采取的具体办法，这样一个完整的落地营销管理系统，即TPS实战营销管理系统就出来了。在这个简单的TPS系统中，所有的市场营销及市场管理活动，就是围绕T、P和S三个元素，即目标市场、目标产品和目标策略展开营销管理活动。在这个“铁三角”组合中，坚信灵活使用T、P、S“三结义”的魔法，一定能得到很多的收益！

第二节　透视传统样板市场

一、成功的样板市场不能复制

成功的样板市场不能复制。样板市场打造，传统打法就是照着别人的样子做，也就是别人怎么做自己就跟着怎么做，比如，集人力、物力、财力资源进行扫街铺货、门店陈列、做大地堆等方法打造样板，也就是把别人的东西复制过来。根据TPS系统结构，我发现这样就像复制文档一样，复制出来的结果要么是源文件，要么是合并后的格式，要么是文本，就算你的复制技术比别人好，但是人家做的有效果，你复制过来后就不一定是自己想要的效果。

这是为什么呢？其实答案很简单，由于你的目标环境（T）、目标产品（P）不一样，再加上别人使用的是隐性策略，也就是说你只复制了别人的形，没有真正领悟到其精髓，就好比你到展览馆中看到的都是模拟品，真正的正品没有看到。成功的样板市场是不能复制的，传统打法的结果复制的都是“赝品”，容易造成市场遗留问题，只能解决个人眼前利益，容易浪费公司资源、损害公司利益。因此，用传统思维方法进行复制打造出来的样板市场的结果会很糟糕，完全是按照主管的主观设计出来的，忽略了太多的客观问题，想想都觉得害怕，企业老板花高价买来的都是“赝品”。这就是为什么从2014年9月起，当销售主管们还在热衷于在老板面前呈报计划打造样板时，几乎所有老板都不会同意。很多业务经理认为现在生意不好做，老板怕花钱或者老板的思想顽固不化。市场实践证明，事实并非如此，其实老板们不是怕花钱，更不是顽固不化，老板最大的心病：一是打造的样板市场不能有效复制；二是打造标杆市场后隐藏遗留问题太多，最后还得企业出钱出力来解决。你打造的样板不仅没有给企业创造效益，反而会让企业的市场昙花一现后加速恶化，让企业损失更惨重。

二、成功的样板市场需要“嫁接”

成功的样板市场不能复制，但是可以“嫁接”。我服务于娃哈哈集团公司时，从2005年就开始关注样板市场的打造，直到2008年年底，我在实践中验证的结果是样板市场可以复制，但是成功的样板市场不可以复制，需要“嫁接”。比如，娃哈哈河南区域最高峰值年销售额60多亿元，一个县城就可以做到8000多万元，作为娃哈哈的区域标杆市场，不是你想复制就能复制的，但是可以“嫁接”。

成功的样板市场到底该怎么“嫁接”，为了彻底弄清楚这个问题，2009年我正式关注标杆市场打造并深入实践，结合TPS理论进行市场研究。到2017年10月，将近10年的时间，我前后对几十家大中小企业产品市场运作跟踪研究和部分参与后，最后得出一个系统结论：真正成功的样板市场应该叫作标杆市场，包括样板市场和根据地市场，即指挥系统，是企业的红旗市场，打造方法不能用复制法，只能用“嫁接”法（我在《两招打造动销样板市场》一文中有详细描述），而且只需要弄懂TPS系统中的5个关键点及这5个点的操作步骤（如图1－2所示），要打造出可复制标杆市场也不是难事。

在TPS系统中，环境和产品是基础，队伍和策略是目标起飞的翅膀，正确的使用方法一共需要经历5个步骤。这5个步骤执行顺序分别是环境分析——产品分析——确定队伍——确定目标——确定策略。简

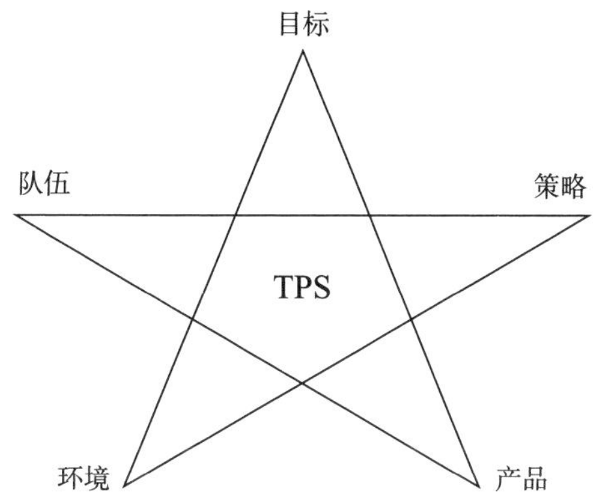

图 1－2　TPS 系统中的 5 个关键点

单地说，就是两个“分析”、三个“确定”，这就是我亲自实践研究出来的 TPS 系统标杆模式，要注意顺序不能颠倒。

按照流程步骤，这套模式从 2016 年年底开始已有 3 家企业在合作使用，其中 1 家企业 1 个单品在 1 个县城的餐饮管道中就实现了每月 8000 箱的销量，月底还没有库存，详细内容将在后面的实战案例中分享。因此，如何用 TPS 系统来打造可复制标杆市场、构建增量系统和企业管理，这是本书的特色重点，也是本书的核心价值部分。

第二章

Chapter 2

环境分析与产品分析

第一节　环境分析的重要性

根据我长期对市场管理工作的经验及市场的深入研究，我认为对环境的了解，需要认识到客观环境和主观环境的不同，也就是自然环境和政治环境的不同。一种是自然形成的；另一种是人为主观造成的，这两种环境都包括区域内部环境、区域外部环境和区域潜在可替代环境。

从自然因素看，区域内部环境比较好理解，比如，人的消费习惯、同类产品竞争格局等。在河南省内，生活在南阳、信阳等区域的人喜欢吃大米，而生活在这两个区域外的驻马店、安阳等区域的人就喜欢吃面条。区域外部环境也不难理解，也就是说在调研区域周边相同产品的销售氛围、各级利差结构等有什么不同，以人的生活休闲方式举例，我们调研的区域是河南省郑州市区，生活在郑州市区的人的生活节奏相对较快，闲暇时间相对较少。那么生活在开封市区的居民生活就比较休闲，空闲时间相对多一些。区域潜在可替代环境相对难理解一些，但营销人必须掌握。比如，你是做快消饮品的，那么在中原地区七八月份的饮品消费，就会受到西瓜等可替代消费产品的竞争，还有啤酒的竞争。另外，电子产品的升级换代也是非常典型的潜在环境变化的真实写照。随着智能拍照手机功能的升级，相机市场遭受到前所未有的挤压，同时报纸、胶卷也慢慢淡出了市场。

从政治因素方面看，由于每个国家地区在不同时间段对经济的管理调控手段不一样，在自然因素下的内外部环境和潜在替代环境又有不同的表现形式，从而也影响商业氛围，如果是做进口产品或者是产品出口的，这些都是必须要考虑到的。

还有城管、创卫、环保等，在进行销售商业活动时都必须考虑。2006—2007年，河南省济源市区，创建卫生城市，大街小巷都不让张贴海报和广告，也不让临街出摊，所以那段时间在济源市区看不到任何厂家产品的宣传海报和临街地摊，造成大多数厂家规划到这个区域中的产品宣传页、围贴之类的广宣品都滞留在经销商仓库，把大量的营销资源白白浪费了。

另外就是国际之间贸易竞争和政治冲突，因政治事件影响商业氛围的事件在国与国之间最为常见。因此，在从事商业销售活动前对环境进行了解分析时，一方面要了解自然因素下的商业环境；另一方面必须了解预判地方经济管理调控手段，如果产品是国际流通，还要考虑政治环境因素对商业的影响。

第二节　环境分析的四个关键作用

在利用TPS系统打造可复制标杆市场时，对目标环境（T）的调研分析是可复制标杆市场是否成功打造的第一步，也是TPS系统营销活动进行时必须经过的一步，是绝不能跨越的一步，因为对目标环境的调研分析有以下四个关键作用。

一、快速掌握消费需求

对消费环境的分析，能够快速掌握消费需求，这是TPS系统启动前的基础工作之一。具体做法：一是分析购买力，二是分析商业结构类型。

购买力调研分析：购买力调研分析，比较适合新产品进驻新市场，也适合老产品新包装渗透市场扩容，可以帮助我们更直观了解要进驻的市场是否适合自身产品基本定价。调研购买力，是最直接也是最基本的层面，通过了解农贸市场、小区车辆、娱乐消费、小区日常便利消费品、人们穿衣打扮等因素进行分析。

以河南省郑州市区的市场为例，由于东西区的经济结构不一样，购买力明显不同，最明显的是东区的房价比西区的房价要高很多，东区农贸的菜价也比西区农贸的菜价高，就连停车收费也不一样。同样是在郑州西区，新兴商业集中片区与未全面进行“城中村”改造区域的消费购买力也不同，农贸市场的菜价也有区别。比如，中原区，最先进行“城中村”改造的周新庄、罗庄和岗坡小区，由于改造后由原来的低矮平房变成了几十层的商住楼，再加上有万达商业的入驻，岗坡农贸的菜价要高于伊河路农贸的菜价。

商业结构类型分析：调研商业结构类型，可以为产品活动选择有利的营销方式，能让产品快速形成动销。最直观的观察判断就是在某个市场或者某个区域，查看是以重工业为主，还是以轻工业为主（包括自然旅游业），抑或以商业为主，还有餐饮业、娱乐业、休闲业等，充分调研分析区域内商业结构后再确定你的产品的营销活动。

以快消品样板陈列打造为例，在做陈列活动之前，就要分析你的产品进驻的管道是传统管道、现代管道还是特殊管道。比如，产品主打餐饮管道的促销活动和产品主打校园管道的促销活动是有区别的。管道不同，采取的活动方式也就不同。如果产品主要流向传统管道，那么，传统管道中又有批零门店、小区便利店、中小连锁小标超等区别。产品在做形象展示时，零瓶陈列适合流动冰摊，买断陈列适合连锁小标超和小区便利店，零瓶堆箱陈列适合批零门店。

通过商业结构调研，至少要细分出这些管道来：传统管道，比如，大流通市场或者批发市场；现代管道，比如，大卖场、综合购物中心；现代连锁门店，比如，小区便利店；特殊管道，比如，校园、机场、火车站、高铁站、风景区；现代新型楼中服务站，比如，楼中快捷送、小区服务站；交通枢纽服务站，比如，加油站高速服务区；现代新零售无人值守门店、小区物业服务站、互联网销售平台，比如，京东、天猫、唯品会、共享新生态服务等，都是在商业结构调研时必须考虑的。这一个环节的工作做得越细致，后面的环节做起来才越省时、省力、省事、省钱。

二、快速掌握消费品利润空间

说到消费产品利润空间调研，也许你会笑，这有什么好调研的，对自己的产品定好价差直接卖就成了，如果这样想就错了。由于每个地方的交通运输便利性不同，仅这一条就直接影响产品的价差设计和产品各级利差分配及促销设计。比如，在河南省，这几年交通发展迅速，特别是高速公路，产品流通特别便利，再加上物流业发达，大大缩短了产品流通时间，也缩小了产品各级利差。在交通便利、物流业发达、产品运输便捷的同时，人口逐渐涌向省会城市和地级城市，再加上生活水平的提高，物质供给越来越丰富，汽车等代步工具的增加，道路的经常性拥堵、单位耗时增加又给产品运输增加了成本。比如，在贵州川藏等偏远山区，王老吉、加多宝、营养快线等单件产品小店零售价的毛利 10 ~ 15 元，而上海、河南、北京单件产品在小店的零售价毛利为 4 ~ 6 元，而且同样的单品价差的毛利，省会城市的净利润也没有乡镇市场得高。

2010 年，河北省邯郸市的张老板，为了配合某厂家做新产品地铺活动，由于厂家没有事先做产品终端利差调查，而是凭借以往主管市场的经验，每件产品给终端设计 8 元的利差，张老板也没多问，就出车出人配合厂家铺货，可是到了终端门店报价时，终端输出点门店的老板认为与同类产品相比，该新产品利差太少根本就无法接受。两个人一天下来才铺出去 96 件货，晚上收工时让张老板感到很惊讶，发现除了配合活动的人力成本不说，车辆油费厂家也没有给说法，每铺出去一件产品折抵后还亏了 5 毛 3 分钱。

因此，在准备区域市场活动之前，不做标杆市场的区域要调研分析日常消费产品利润空间，准备要做标杆市场的区域更要详细调研分析日常消费产品价差结构空间，还有单位人力、物力成本结构。比如，省会的人力成本一定要高于乡镇的人力成本，这些都直接影响活动的效果和经销商的配合积极性，也是厂商之间能相互积极配合市场工作的关键。

三、快速找到市场机会点

这里说的寻找市场机会，不是分析谁的优劣势，而是说要通过环境调研分析和消费产品利润空间调研对比分析，分析即将开展活动的机会点在哪里，从哪个商业管道切入比较适合，能获取成功的概率最高，那么就定下目标准备进驻。比如，采取什么策略，产品以什么方式进入区域市场，产品包装是否理想，消费者对产品口感是否适应，产品各级利差是否足够，活动展开后是否有利于市场持续运作，是以传统管道的入驻机会大，还是以现代新型管道的入驻机会大，都需要全面权衡。就算其他厂家的产品已经在市场上占领了一定的份额，并且已经形成一定的影响力，也可以结合市场调研的目的，看看这些厂家占领市场的份额是不是已经形成领导品牌或者区域独占地位，如果没有，就说明还有机会突破。

山楂饮品的市场机会点

尽管山楂饮品早在2010年就掀起过一次高潮，当时娃哈哈、统一、汇源、康师傅及花花牛等众多企业参与其中，但是在产品包装、价格、价差和精准定位上一片混战，没有明确的定位和独特的包装设计，在推广上除了价格战就是价格战，没有静下心来把这个产品当作大单品施行有效的渐进策略，最后都是短暂热闹后就相继退出了市场。就在各种山楂饮品相继退出市场和大环境低迷时，福建SJ食品公司推出了“开卫山楂饮品”，天津YF可乐饮料公司推出了“山楂树下饮品”，入驻市场后稳健经营，驱动市场在2014年再次掀起山楂饮品热潮。尤其是2016

年，大家都觉得生意不好做时，饮品市场上的山楂汁品牌再次如雨后春笋般层出不穷。因为竞争相互推动，这一品类得到了明显的扩容与发展。

但是一直默默无闻的河南焦作M食品饮料有限公司凭借自己多年的市场经验，发现山楂饮品在市场上还没有领导品牌和主导地位的品牌，M公司经过市场调研，全面分析和论证，发现并抓住了这个大好机会。从2016年7月开始策划，由河南S品牌全程包装设计，在营销专家团的策划帮助下，以及在目前公认的糖烟酒媒体大平台的大力协助下，以响亮的广告语“大肉大鱼消时乐”“小撑小胀消时乐”和精准目标消费群定位，在11月正式推出了各级利差丰厚的消时乐山楂爽饮品。上市短短几个月，就得到了6万家经销商的关注，近1000家意向经销商青睐，100家经销商签约运营，初战大获全胜。

四、有效控制市场启动风险

现在无论是QQ、微信还是智能手机和计算机，大部分功能都有启动风险预防控制。比如，手机上的软件，除了自带的推广软件不需要用户同意就已经安装了，是不存在病毒的。如果下载安装不是官方推荐的外来软件，因为存在病毒风险，一般都会在设置中有一个控件须经使用者同意才能安装，在安装时会有提示。以智能手机为例，在手机安装软件时，软件里面会有很多应用，应用中有相应的应用权限，比如，读取位置、读取本机标识符等信息，都要经过用户允许后，这个应用权限才能运行。但是很多外部链接或者游戏链接，你要是不小心或者好奇点开链接，就有可能遭遇病毒入侵获取你的个人隐私信息或者被游戏黑客病毒直接划走银行卡的钱等，会给个人造成财产、精神上的损失。

其实市场活动也一样，也存在这样的潜在风险，很多活动在启动前，潜在的风险就已经存在了，只是我们没有注意到，或者认知不足。当然，不是调研分析了就安全，即便经过市场环境的调研分析，对即将要发生的风险根本看不见也摸不着，进去之前看到的都是机会，进去后才发现到处都是陷阱。

2014 年 8 月，河南省郑州市 L 经销商代理 H 品牌乳酸菌产品。在对乳酸菌品类环境做了充分调研后，为了迅速占领终端，L 经销商与厂家业务员口头约定，决定在终端开展以“星火燎原”为主题的买断陈列活动，打造端架买断陈列样板店。在没有厂家红头文件情况下先斩后奏，随后集中人力、物力、财力、运力，短短 10 天内在郑州市拿下了 500 家终端有效门店，每月陈列活动奖励费用 75000 元，月家均陈列奖励 150 元（兑产品），并与门店签订了检验的活动协议，陈列期限为 90 天。活动开展一个月后，因厂家政策调整、人事变动，活动被迫终止，但是终端门店不愿意终止，给该经销商造成很大的经济损失。比如，原材料突然涨价或者降价，从而影响产品价格等都需要提前防范。

因此，在活动启动前，一定要综合各种因素，分析当下的、预测未来短期内的变化，对每一个活动事件做风险评估，通过系统方法把风险降到最低，避免因仓促启动爆出风险而给企业方面造成不必要的经济损失。

第三节　产品分析的重要动作和有效层次

一、产品分析的重要性

比环境调研更重要的，就是全面调研对标产品分析，产品是营销活动传播的重要 IP，看看在目标市场环境中是需要新产品还是需要老产品，是需要老产品升级还是需要创新产品，单一产品怎么做，系列产品怎么做，以及活动产品是否合适入驻目标市场，选择什么样的目标市场入驻，都直接关系到打造标杆市场活动是否顺利推进和达到预期目标。

产品调研分析主要是根据产品进入市场后的淘汰和沉淀顺序，依次叫作入门产品、常规产品、流行产品和领先产品，从大数字到小数字，呈现出来的是一个漏斗状，入门的产品有很多，领先的产品却很少，沉淀到最后的新产品基本上都是创新型产品和对市场有耐性的产品。要使一款产品在局部区域沉淀或者存活下来，需要对产品进行全面调研分析，包括产品名称、包装、价格、款式和样式的分析，然后根据分析结果，再投放到相应的目标细分市场。对产品的调研分析，特别是在打造标杆市场时至关重要，因为要打造一个标杆市场并不难，但是要打造出一个成功的可复制的标杆市场，需要做很多前期准备工作。原因在于，一则产品是企业的生命线，是企业活力的生命源；二则产品是推动企业向前发展的发动机，没有好的产品，要打造成功的标杆市场也就无从谈起。

我曾在《娃哈哈区域标杆》一书中提到，河南区域娃哈哈 280ml 营养快线的开发渗透市场时，就是在娃哈哈 500ml 系列营养快线和 350ml 系列营养快线市场逐渐成熟后。一是价差逐渐透明，各级利润逐渐下降；二是需要及时增加更多容量产品，弥补大容量对于小孩子或者老人一次性喝不完、产品开口存放时间长导致产品口感不佳的市场空缺。这款渗透性产品一面世，因为各级价差比较好，很快就受到经销商的大力推广，有的经销商一个月就能出货几万件，一个月几万元就轻松到手，还不留库存。

二、产品分析的两个重要动作

在对产品调研进行细分渗透时，只要做好两个关键动作就足够了：一是对新产品整个行业的调研预判；二是对新产品的精准细分后的投放。

（一）动作一：行业新产品趋势预判

通过对新产品所属行业的整体调研和资料分析，比如行业总量、发展速度、未来一两年的流行趋势等作出预判。关于《2016 年中国功能饮料市场规模及现状分析》（来源中国产业竞争情报网）：

功能饮料是 2000 年来风靡于欧美和日本等发达国家的一种健康饮品，在中国，功能饮料也越来越受消费者喜爱，中国逐渐成为功能性饮料的消费大国。

中国功能饮料市场最近几年发展迅速，在 2014 年取得了 17. 4% 的增长，市场容量达到 109. 1 亿升。行业增长最快的年度为 2011 年，当年增长达到 54. 1%。在 2010—2014 年，行业平均增长率达到 28. 9%。预计到 2019 年行业将达到 254. 57 亿升的规模。

市场庞大的容量受益于中国庞大的人口基数，有人的地方就有消费，行业潜力依旧被投资者看好，在 2015 年中国人均消费功能饮料不足 1 升。由于消费者对功能饮料的接受程度越来越高，消费者的购买能力也随着社会的发展越来越强，功能饮料的快速增长值得期待，预测 2019 年人均消费功能饮料达到 1. 8 升左右，距离全世界人均 7 升的消费量尚有较大空间。

在销售方面，行业在 2014 年的销售额同比增长 19. 2%，市场容量达到 282. 96 亿元，行业增长最快的 2011 年增长为 57. 8%。在 2010—2014 年，行业平均销售增长率达到 32. 2%。预计到 2019 年行业达到 692. 24 亿元。

该报告显示，目前中国功能饮料市场还是红牛一家独大，占 80% 左右的市场份额。最近几年，东鹏特饮发力比较明显，2015 年可以占到 6. 1% 的市场份额。娃哈哈、农夫、东锦、百事、统一、中沃、黑卡等品牌在行业内有一定的份额，但是目前看还是难以撼动红牛的影响力和独占的霸主地位。

近几年，环境质量下降、人们的生活节奏加快，生活压力加大，使得处于亚健康状态的人群日渐增多，而同时随着生活水平的不断提高，人们也越来越注重个人健康问题。随着人们健康意识的增强，人们开始选择健康的食品、饮品，甚至回归原生态。这种需求的产生促使碳酸饮料的市场份额不断下降，茶饮料、果汁饮料和功能饮料开始逐渐受到人们的青睐，特别是功能饮料和果汁类饮料这几年增长速度较快。

综合这份功能饮料市场分析报告，为我们投资市场提供了强有力的参考，我们可以清晰地了解到：

功能饮料发展迅速，近几年每年以 30% 以上的速度增长。行业总量很大，到2019年行业达到254.57亿升，约692.24亿元的市场贡献值。环境质量下降、生活压力越来越大、亚健康人群增多、消费意识增强，功能饮料、茶饮品和果汁饮料等健康品仍然是大众选择，这些都是新产品投入的机会。

（二）动作二：通过行业精准细分做投资预判

对产品调研，需要针对群体或者个体进行市场细分渗透，有利于新产品各项活动的顺利开展，同时也为了更加准确地找到新产品参与目标市场竞争的策略，对行业细分后的投资做出精准预判。著名烘焙品牌策划专家黄泰元指出：所有烘焙企业的产品或服务，想要在市场上变现，首先是快速加入市场竞争，只有加入竞争才能取得市场的入场券，才有机会分得一杯羹。加入竞争只是第一步，但是很多企业对投资预判失误在第一步就已经“阵亡”了，没有对产品进行市场细分调研就盲目入驻市场，真正聪明的企业应该采取一种更智慧的法门，那就是把产品进行认真细分后“不与竞争者竞争”。

在我看来，“不与竞争者竞争”并非不参与竞争，而是通过产品细分后找到一种自身新产品“以柔克刚，以小博大“的柔性太极战略，它是一种更聪明、更积极、更有效的中国式柔性竞争战略。所以，做营销的要多看动物世界，在市场竞争中，传统的营销环境就像一个原始大森林。在森林中，有着千千万万的动物群，弱肉强食、适者生存是自然界的生存法则。比如，老虎这个“森林之王”，位居食物链的顶端，稳坐“森林第一品牌”的宝座，弱小的动物要想在森林中存活下去，就必须“加入竞争”，还要冒着生命危险去跟老虎抢地盘，在老虎的口中夺食（争夺市场份额），但是和老虎夺食的下场通常都很惨。就算小动物们能侥幸活下来，也必须进入第二阶段“解决竞争”，要想吃掉“森林之王”（也就是杀掉老虎，自己取而代之），成功的机会更是微乎其微，付出的代价更为惨痛。

天天如此，年年如此，该怎么办？有没有更高明的方法？当然有。最高明的方法就是把产品细分后寻找到自己的空间，“不与竞争者竞争”，从精准细分市场寻找“差异化”，树立起具有自身特色的新兴营销的标杆市场，才能建立起差异化的优势，才能找到属于自己的竞争力，才有机会能成为细分市场的隐形冠军。

三、产品分析的三个有效层次

在《小的是美好的》一书中，作者提倡中间技术，以小巧的工作单元及善用当地人力与资源的地区性工作场所等基础观念，为经济学带来全新的思考方向。对新产品进行产品精准细分，是为了找到新产品的市场机会。新产品细分除了用传统方法没有更好的办法，我认为产品细分最有效的三个层次：一是行业细分；二是性能细分；三是购买力细分。

（一）层次一：行业细分

TPS 营销系统的使用，关键是强调细化基础工作并量化。在理解行业细分之前，我们先来看一下品类的细分，是以产品性质相同或者相近的大类来划分的，常规说法有快消品类、日用百货类、耐用品类（如汽车家电）等，都属于产品类。这些大类是可以继续细分的，比如，快消品又分副食品、烘焙、饮料、冲调、粮油等，这些都属于大类中又一次行业细分。在理解了大类的行业细分后，就比较好理解真正的行业细分了，比如，饮品行业的细分，就包含茶系饮品、果汁系饮品、碳酸系、纯水系、乳制品系等，这些都属于品类之后的行业细分。

（二）层次二：功能细分

行业细分后，产品还可以按照产品功能再进行细分，比如，乳制品行业细分为早餐奶、晚餐奶、学生奶、成人奶、加钙奶、含锌奶、鲜奶、果味奶等，都是按照制作工艺、口味、营养成分等细分的。

（三）层次三：购买力细分

产品除了按照品类行业细分处，还可以按照区域购买力即消费水平细分，也就是日常所说的消费档次的高、中、低。同样是矿泉水，只因水源地水质不同，价格差距那么大，比如，萨奇苦味矿泉水（500ml）160 元/瓶、VOSS 矿泉水（375ml）100 元/瓶、依云矿泉水（500ml）

9.6元/瓶、5100西藏冰川矿泉水（330ml）8.8元/瓶、昆仑山矿泉水（350ml）4.8元/瓶，这些都是同类产品按照价格和水源地质量进行的细分，直接指向不同购买力和消费力的人群。

第四节　产品分析的商机和运用

一、产品分析带来的四大商机

（一）通过新产品渗透找到商机

通过新产品分析，你会发现企业开发的新产品，有一种属于市场渗透型新产品（在这里讨论的新产品，是指已经设计包装好的准备投放到目标市场的新产品）。这样的新产品就像长大的女儿，就等着找个"婆家"待嫁，还期望找到一群好邻居，这就成为"三分天注定，七分靠打拼"。这种新产品的投放，一般都是居于市场补充、市场跟随和市场渗透，主要是为弥补销量下滑和抢夺市场份额帮助增加销量。在投放市场时，最好就是结合产品利差设计、包装规格设计、产品特性及消费群体等，还要投放到匹配的目标管道，或者跟随流行产品和成熟产品进驻市场。比如，要么是餐饮管道，要么是现代KA管道，要么是特殊管道，因为切入每一种管道对产品属性的要求都是不一样的。

（二）通过漏斗型找到新产品商机

对产品进行漏斗型策略分析，主要目的是比照自己的产品是入门型产品还是常规型产品，是流行型产品还是创新型产品，弄清楚处在漏斗的哪一个阶段。在进行产品分析时，从新产品开发的时间沉淀和产品纵向发展结构看，产品结构的市场沉淀到最后一般呈漏斗形，大部分都被市场淘汰，只有很少部分存活下来，这就是我们平日里看到的一个厂家开发了很多新产品，而在市场上真正畅销的产品就只有一两个，其余的都被市场无情地过滤了。

因为常规产品开发技术含量低，走大众化路线，常规做法就是看到市场上有流行的产品立马就跟进，要么是创新性跟随，要么是模仿性跟随。市场上常见的都是后者，就是市场上流行什么样的产品就跟随开发出来什么样的新产品。这些新产品一种可能是市场长时间沉积到底端，成为高颜值产品；另一种可能是短期爆量，快速上升到顶端，成为最普通的产品，这类新产品因为省去了宣传等费用，配料简单、成本相对较低，进驻市场一般都采取低价策略，寻求夺取开路者市场份额的一杯羹。

对于这一类型新产品，在入驻市场寻找代理商时，不宜找初创经销商。一是因为产品没有市场销售基础，也没有消费者认知培养，销售产品带来的收益一般养不活客户；二是因为初创经销商维护客情关系成本高，在突击市场铺货或者打“市场攻击战”时，不利于市场开拓和快速推进。同时也不宜找大经销商（详情请看《大客户制，悬在厂商头上的一把刀》一文），这类经销商因为做得大，做得品类一般比较多或者是成熟品牌的大单品，大经销商一般不会太重视这种普通的新产品，如果让这类客户来做，很容易使新产品的面世计划夭折。那么这种单一性的新产品找什么样的客户比较合适呢？根据市场操作验证，这种产品适合找有需要补充产品但又正好是互补或者有找替补产品意愿想法的客户，如果找到这种经销商，加上厂家业务员的务实跟进，新产品开拓市场就很容易成功。

（三）通过老产品找到商机

所谓老产品，就是在某个区域市场上售卖时间较长的产品，或者是在市场上已经过了导入期（产品生命期依次为导入期、成长期、成熟期和衰退期）的产品。比如，茅台酒、娃哈哈纯净水、农夫山泉、老干妈、牛来香牛肉干等，这些产品都已经在区域市场上售卖了很长时间，或者早已进入成熟期甚至到了衰退期。对这类老产品的调研，集中在两个方面：一是对自身老产品的调研；二是对竞品的老产品调研。通过对老产品的调研分析，发现自身的不足，也发现竞品的不足，然后找到商业机会，继续夯实市场基础，有效阻击竞品或者对竞品发起攻击，朝着第一品牌的制高点冲刺。

（四）通过创新产品创造商机

任何企业的发展都有一个长期的战略，产品创新在该战略中都会有重要规划。产品创新是一个系统工程，产品创新的战略是一个全方位的系统工程，包括选择创新产品构想、确定创新模式或方式，都要与企业的技术设备协调。在产品创新模式的具体现实中，主要有自主创新、合作创新两种方式。

自主探索创新是指企业无须被动依赖外部技术或者购买外部技术，而是通过自身的努力和探索产生技术突破，逐一攻破技术难关，达到预期的目标。联合探索创新是指企业与企业、科研机构或者高等学院之间的联合创新行为。当今全球性的技术竞争不断加剧，企业技术创新活动中面对的技术问题越来越复杂，技术的综合性和集群性越来越强，即使是技术实力雄厚的大企业也会面临技术资源短缺的问题，单个企业依靠自身能力取得技术进展越来越困难，于是联合创新就成为最好的合作选择。联合创新通过外部资源内部化，实现资源共享和优势互补，快速攻克技术难关、缩短创新时间、增强企业的竞争地位。因此，企业可以根据自身的经济实力、技术实力选择适合的产品创新方式，有实力就选择自主探索创新，没实力就选择联合创新。

二、产品分析在标杆市场中的具体运用

（一）不参与竞争者竞争

通过产品分析后，对即将开展活动的目标产品，如何才能做到“不参与竞争者竞争”，是不是就放弃了竞争呢？当然不是。如果你没有把握吃掉领先者这个“森林之王”，最好的办法就是避开森林主战场，到其他地方发展生存。比如，离开了陆地，你可以选择下海，因为在海里，老虎怕水，吃不到你，这样就少了强大的竞争者，而且海中的食物比陆地丰富很多，市场机会更多、蛋糕会更大，只要你的速度够快，就有机会称霸海底，像鲨鱼一样成为“海底之王”（同样能成为细分化市场的第一品牌）。所以，建议企业在对目标产品进行细分时，陆地既然已经有了“森林之王”，那就设法去当称霸海底的“海底之王”，

从细分市场寻找“差异化”，用“不与竞争者竞争”战略获得更大的商机。

打造区域标杆的核心就是要把红旗插到不同的高地，TPS 系统的核心就是要解决样板市场不能复制的问题及如何持续增量的问题。进入互联网时代，特别是 5G 时代，国内快消品的竞争只会越来越激烈。TPS 系统将会影响营销人和企业家，不管是设计商业模式、制定企业战略、品牌起名、品牌文化建设、产品研发、包装设计、促销活动、展店扩张、在线营销、跨界合作、顾客体验、服务模式等，都要谨记用 TPS 系统打造“区域标杆”和设计“不与竞争者竞争”战略，从细分市场寻找“差异化”，树立起自身特色新兴营销的标杆市场，才能建立自己的差异化优势，才能找到属于自己的竞争力，才能成为细分市场的隐形冠军。

（二）连续扫射，不给对手留机会

根据新产品开发的出发点、目标市场的潜在需求和不同年龄、不同性别消费者对产品的喜好。比如，对口味的选择，以及企业出于对公共资源的节约，新产品一般还可分为：单一口味单一容量、单一口味系列容量、系列口味单一容量和系列口味系列容量。在进行标杆市场打造时，针对目标环境需要进行连续扫射，不给竞争者留下任何机会。具体打法如下。

1. 打法一：单一口味单一容量

单一口味单一容量新产品，是指一个产品只有一种口味，只有一个标准容量。比如，加多宝原味罐装 310ml、营养快线原味 500ml 等，这类产品一般都是刚上市时的新产品，特别适合进攻单一目标市场和单一消费群体，这种新产品随着市场的成熟都会逐渐增加口味和多容量规格。

2. 打法二：单一口味系列容量

单一口味系列容量的新产品，是指一个产品只有一个口味，单支产品有系列标准容量。比如，娃哈哈原味营养快线 250ml、350ml、500ml 等，这类新产品是单一口味单一容量投入市场，为了弥补市场空缺或者满足更多的消费人群逐渐增加的标准容量，新产品上市后逐渐增加的系列标准容量规格，形成一条或几条产品链，争取更多的市场份额，为公司创造更多的效益。

3. 打法三：系列口味单一容量

系列口味单一容量的新产品，是指新产品开发时同时有至少两个以上的口味，但包装、容量标准相同。比如，娃哈哈500ml营养快线在上市时，有原味、香草味、菠萝味，后来升级的500ml幸福牵线有椰子味和蜜桃味，这类新产品开发的目的主要是占领更多的市场空间，争取排面最大化。花花牛袋装酸奶就有红枣味、菠萝味、香蕉味、山楂味、原味等，其标准容量每袋都是180g，这都是产品系列纵横发展的策略，多一个口味就多满足一些消费需求，就能多占领市场份额，就会提高经济效益。

4. 打法四：系列口味系列容量

在分析产品时，新产品除了上述几种策略外，还有一种就是一开始开发时就是众多口味、众多标准容量。比如，可口可乐醒目有330ml、500ml、1.5L、2L等不同容量，口味有荔枝味、西瓜味、葡萄味、苹果味、蜜桃味等，无论放到哪儿都十分醒目。

第三章

Chapter 3

确定队伍

第一节　队伍的组建步骤和方法

一、组建优秀队伍的重要性

用TPS系统打造可复制标杆市场，以及对环境和产品分析后，才真正进入了实质性阶段，这个阶段就要组建优秀的团队。任何事情都要高效率执行，组织第一，人才是核心。

过年发了奖金，年后发现员工集体辞职了

2017年2月16日，一位做饮品的经销商韩老板给我打电话诉苦："我们夫妻做经销商6年了，第一年代理了一个牌子，自己跑单、自己送货，虽然辛苦，年底没赚到多少钱但也不赔。

"第二年想做大一点儿，看到朋友们都做好几个牌子，自己又增加了一个牌子，加上终端网点增加，业务量也增加了，我们忙不过来，就在亲戚中找了两名业务员帮助出车送货，没有库管也没有会计之类的人

员。仓库当作办公室，这一年同样也是早起晚归，从年初忙到年尾，算一下也没怎么赚钱，但也没有赔钱。

“第三年准备全身心地投入去做，租用一个面积600平方米的仓库，带一个办公室，添置了8辆送货车（两辆箱货车、四辆面包车、两个电动三轮车），招聘了库管内勤会计，大大小小业务员13人。这一年下来，除去人员工资、车辆维护成本等，由于没有管理经验，不但没有赚到一分钱，反倒搭进去8万元。当时想想不赚就不赚吧，毕竟添置了车辆、仓库、办公室，还有办公用具，这些也算是固定资产。

“第四年又坚持做，一共做了三个牌子，一个大牌子两个小牌子，加上厂家业务支持，年底算下来，除去各种成本差不多赚了10万元，毕竟这两年生意特别难做，这样也算不错，也增强了他们的信心。做经销商的，年底放假相对晚一些，想到业务员都是自己的亲戚，年终奖给他们也发得不少，当时看着大家都挺高兴的，还盘算着2017年，建立一套自己的终端门店系统。过完年后初十正式上班时，业务员只来了3个，特别能干的8个人都没有来，市场上还等着补货、送货，没有业务员怎么办？本来生意就难做，这几年招人又特别难，我当时就急了，觉得不对劲儿，挨个打电话询问，都说自己家里有事不能来了。我对他们不薄啊，年终还专门给他们增加了红包奖励，要是不干了都不能早点跟我说一声吗？

“我以前也是做业务员的，做过厂家区域经理，也带过小团队，虽然做厂家和自己做有很大区别，我想不通怎么会是这样呢？现在是创业阶段，我知道要把生意做大必须有团队，没有团队是不可能做大的，高薪请人请不起，找来的人又留不住，现在急着用人，突然遇到这种情况，我不知道这件事情该怎么办，其他老板是不是也和我一样呢？”

韩老板的团队突然集体离职，这件事情对韩老板打击很大。在生意特别难做，人才特别难招，找到了又特别难留住优秀人才，经销商和企业老板都明白，结果都是人做出来的。如何才能吸引优秀的队员和组建稳固的团队呢？这是目前大家都比较困惑的问题。

二、组建优秀队伍最有效的两个步骤

韩老板的遭遇，队伍组建和队伍凝聚力是两回事。队伍组建讲究的是队员的合理搭配和结构，队伍的凝聚力体现的是一种精神面貌。基本有效的队伍组建有以下两个步骤。

（一）步骤一：融班子

我们天天说管理团队，其实身边有几个团队是管理出来的，怎么管理出来？如果问这个问题，我相信你自己也说不清楚。团队从来就不是管出来的，而是融出来的。要做出点成绩，先要融合成员，朋友介绍、亲戚推荐、管道招聘，刚开始没那么多讲究，快速融合组建起一个班子才是目的。一个班子之间要亲密团结、协作到位，志同道合是第一位，做到70%～80%的成员稳定就不错了。

在团队融合的过程中，团队管理者心里始终要装着员工、支持员工的工作、关心员工的生活，用管理者的行动和真情去感染身边的每位员工，平时要多与员工沟通交流，知道他们在想什么，他们将会做什么，提前做好防范，关键时刻你能帮助他们化解问题，这就是管理。

同时，给员工以示范性的引导，不仅要捕捉员工心思及缺点，又要捕捉员工优秀的思想，激发员工工作的积极性和创造性。更重要的是管理者要和员工融为一体，让员工参与管理，给员工创造一个展示自己的平台，形成团结协作的氛围，让员工感受到家庭的温暖。优秀的团队从来就不是管理出来的，而是互相融合出来的。在这个家庭，分工不分家，有福同享，有苦同担，不是纵容，而是要严格管与教，绝不能以个人感情怠工。在组织活动中，个人的事就是团队的事，团队的事就是大家的事，每位成员的心中要有这个意识。对待每个人、每件事都要认真负责，只要能做到这些，组建一支优秀的队伍并不难，团队有凝聚力就是很自然的事情。

（二）步骤二：选领袖

无论是在企业中还是经销商组织中，大到一个企业的集体，小到一个个职能部门，或者是一个独立的工作小组，要想组织紧密、凝聚有力，队伍中的每位成员都要拥有自信心和较高的忠诚度，选出一位大家都认可的魅力领袖就非常重要。

那么这位领袖应该具备哪些综合素养呢？

首先是人品。作为领导者，人品必须是第一位的。特别是优秀的人才更要拥有良好的品格，才可以让团队成员众望所归，才可以成为团队的精神领袖，才可以带领团队克服困难，才敢于挑战一个又一个困难，创造一个又一个成功。比如，大家比较熟悉的历史故事，在历史上最典型的代表就是三国时期的刘备，就是因为其具备了超乎常人的人格魅力，从而吸引了一批又一批英雄人才，组建了非常优秀的团队，攻无不克，战无不胜。

其次是能力。要想保证组织队伍的凝聚力，让队员们在一个有效的组织平台上心甘情愿、心平气和地工作，那么这个企业或者组织优选出来的全体队员都认可的团队责任人，一定是具备某一种专长，也就是要有超出常人的处事能力，这种能力必然带来突出的成绩。因此，作为一个组织的领导人，只有在能力、业绩上突出，而不是在学历上超越下属，队员们才能心服口服，才能大大地减少或者高概率避免出现不应有的内讧或者内耗，使得下属能够安心地工作与处事。

在现实生活中，这个负责人也许是技术型的，也可能是管理型的，是从低层到高层实干成长起来的。其次是战略领导。作为一个团队领导者，如果仅依靠组织授予的职权来去管理这个团队，一般都会治标不治本。因为组织授权是队伍建设与队伍管理的基础，但一个好的组织领导不能一直依靠授权，只有通过真正魅力“领导”的方式，也就是通过提升个人内在修炼出来的涵养，展现自己的严于律己、率先垂范等人格魅力，才能屏弃由于通过组织授权而采取“高压管理”带来的缺乏人性化管理的弊端。

娃哈哈集团宗庆后，经过30年打造出中国饮品最有影响力和行业说服力第一品牌，凭什么？依靠的就是他的团队，就是他一年几乎无休奔波在市场上的勤劳。由于他的勤奋，影响了大家的勤奋，由于他的节俭，大家也跟着节俭，从而创造了中国企业史上饮品首富的奇迹，也创造了整个集团只有董事长没有总经理，一人领导几万人队伍的神话。

三、培养优秀队伍的几个办法

队伍建设是一个长期的系统工程，企业组织必须有一个大家信得过的优秀领导，在其指引、带动下，制定出企业未来发展的愿景和使命，为组织制定出清晰、具有可操作性的奋斗目标。因此，要组建出一支优秀的队伍，寻找具有互补类型的队伍成员，再通过合理的激励考核和系统的学习提升，全面提升企业组织的核心战斗群体。这样的企业组织才能战无不胜，才能产生“核聚变”效应，才能在激烈的竞争中抢夺更多的市场份额，才能创造出非凡的奇迹。因此，组建一个优秀高效率的团队，需要培养以下几个方面的特质。

（一）树立共同的愿景

衡量一支组织队伍是否一起走得远、走得久，可依据这个队伍是否有共同的愿景，也可以说成是团队组织的信念。唯有信念才能让团队成员同舟共济，这就是共同的事业愿景。

首先，找到组织存在的价值和意义。人过留名，雁过留声，人在世上走一遭，就算不求名不求利，也总得留下点儿什么。一个不了解也找不到自己活着的理由的人，犹如行尸走肉一般，空虚度一生。因此，要想使组织队伍中的每一位成员都同仇敌忾，就一定要给大家展示未来的前景，即要在某个阶段内，给组织、社会、世界留下点儿什么。

比如，蒙牛在内蒙古自治区的路牌广告语就是公司的愿景——“我们永远跟第一名学习”。广告用语很谦虚，意思就是我不做第一只做第二；华为公司的愿景——“丰富人们的沟通和生活”；微软公司的愿景——“让计算机进入每一个家庭，并使用微软的软件”；娃哈哈宗庆后的愿景——“打造世界顶级饮料品牌”；中国移动通信的愿景——“创无限通信世界，做信息社会栋梁”。

其次，如何实现企业愿景的组织分工与责任。为了能够快速达成组织的事业愿景或者使命，每一位团队成员都要有详细的组织分工，知悉自己应承担的责任。只有明确了组织队员各自的职责，大家才会齐心协力，心往一处想，劲儿往一处使，才能更好地完成团队组织定下的长远规划。

（二）给予清晰的目标

在给团队组织制定了明确的愿景或者使命后，就必须想办法实现。那么，作为组织队伍的负责人，还要进一步规划和落实团队的目标。需要考虑这些相关要素：要制定团队的营销目标，比如销量目标、市场小区域目标、品牌建设商业数量目标、经营费用目标、企业利润目标等，这个营销目标应该包括组织的短期、中期、长期目标，甚至要细致到更小组织单位的阶段性目标，如一年必须为团队成员规划未来的职业进阶计划，要为属下描绘未来的“远景”和“钱景”，真正做到让大家时时心中有目标，步步行动为目标。

（三）个性之间的包容

个性互补能快速产生安全感，也能够使团队率先达成目标的概率最高。

常言道：“针尖对麦芒——尖对尖”很难想象，一个组织中如果都是性格刚烈，或者性格平和，或者都是某一项技术的高手，把他们组合在一起能够给团队带来什么。大家对小马过河的故事并不陌生，我们要学习这个故事中所蕴含的哲理，当小马问松鼠能不能过河时，松鼠说水很深，会淹死的。黄牛伯伯却说，水很浅，可以过去，不会被淹死。不同的个体，相同的空间会有不同的体验。因此，组建团队时应考虑互补型的个性成员类型，是组建凝聚力团队和“黏合”团队的基础。

这里需要注意两点：一是队伍成员的性格互补。一个组织的成员个性类型，一定是互补型的，即活泼型与平稳型互补。性格都较强或者都较弱，会让团队成为“争吵”的平台，或者让团队成为“绵羊”的栅栏，缺乏活力或者韧性，工作效率也不高；二是做事能力和擅长要互补。梁山好汉 108 将之所以能做成大事，就是有各种特长和各种能力的成员组成。还有战国时期平原君赵胜，为什么能够顺利解除“邯郸之围”，与其所拥有各类能力的“门客”有关。

因此，一个组织，一定要有各种能力和各种特长的人才组合在一起，才能产生超强的战斗力，做事才能有活力，才能有热闹的氛围。比如，有的人天生善管理，有的人懂经营，有的人擅长外交，有的人偏技术等，只有因材施用和因人制宜，这样组建出来的高效率队伍才是能打能干的。唯有这样，个性互补匹配的队伍做起事情来才能产生 1 +1 >2 的作用。

（四）不同时间段的稽核制动办法

一辆车的好坏，一是看起步跑得快；二是看高速运动中是否突然停下来还停得稳。考核团队也是一样的，天生自私、惰性、贪婪、欲望无穷，这是人的本性。在组建一个团队时，要想保持团队持久的动力与激情，就必须引入合理的考核和激励竞争机制。当一个团队从不稳定发展到稳定的过程中，必须通过各种合理的激励与有效的考核，实行优胜劣汰、奖优罚劣，才能增强组织的活力和制度的威信。

在此给出以下几个方法：

首先，建立合理而有挑战性的阶梯薪酬考核体系。阶梯型薪酬体系就是由低到高，由不踮脚伸手就能摸着到踮起脚或者要跳起来才能摸到，要跳起来才能摸到的部分具有非常大的诱惑力，至少要有 5% ~10% 的人做到（所有人跳起来都摸不到的设计是失败的）。在这种具备诱惑力与竞争力的前提下，按贡献大小给予成员合理分配，只有建立在一套公平、公正和公开的薪酬体系中，每位成员才能在同一套制度下施展才华。

其次，在团队初期建立阶段，要多奖励、多表扬，少惩治扣罚。奖励是激扬人性、激发斗志，惩治是压抑叛逆的个性。因此，为了防止各自为政、自行其事，甚至内讧导致分崩离析，就必须少负面惩罚多正面激励。比如多奖励，既包括物质的也要施予精神的，要不断树立榜样和标杆，要多插红旗，让团队成员形成互学、互赶、互帮、对超的氛围。少处罚，特别是“90 后”“00 后”，即使处罚，也要多采取人性化的处罚。比如，某公司某区域对业务员的考勤规定，凡是上班迟到的，根据迟到时间长短自动罚款 10 ~ 50 元，主动交到指定的箱子中，由内勤监督备案，月底用于团队聚餐，对杜绝成员迟到的效果很不错。

最后，在团队成长成熟阶段，管理上要以规范为主，绝不能“人情”用事，要用公平、公正、公开的制度管理与约束。一个组织从快速成长到成熟，促使企业必须要摒弃“人治”而走向“法治”，必须要靠流程和制度做管理，要做到软性管理兼备硬性管理，要有规章制度可依，有追究违纪稽核的标准。对每一位成员都必须公平对待，公司才能真正做到按照制度办事。

（五）规划系统训练

队伍组建后需要进行系统磨炼，不进行磨炼就会成为企业的绊脚石。人最大最强的竞争对手不是别人而是自己，其实一个团队最大的竞争对手、最强的敌人也是团队本身。当一个团队以经验作为工作的判断依据时，就会像小马过河的故事一样，这个组织有可能已经陷入故步自封的“经验主义”的怪圈中，可能面临“僵化”效应，最终有可能完全被自己打败，不是败在竞争对手的手里，而是“死在自己手里”。

一个组织要想基业长青、永葆青春活力，就必须依靠长期系统的学习加以训练，不断提升。怎么做？在此提出两个办法：一是要创建学习型团队。知识改变命运，学习决定未来，但是光有知识还不行，还必须学会运用，并且要用好。只有通过不断训练打造学习型队伍，时刻保持决策的先进性、与时俱进和前瞻性，企业的流程才不会“僵死”，才会快速实现“大企业的规模，小企业的活力”。特别是在当下市场特别难做的情况下，学习型队伍，一定是自上而下的，组织成员都要有学习的动力与意识，确保让学习成为企业的“驱动力”和发动机。比如，吉利汽车为了创建学习型组织，成立“吉利大学”，让大家都有机会、有条件积极学习，从而提升各项专业技能，增强企业与团队的核心竞争力和文化影响力。

二是要打造学习型个人。组织队伍一定要想方设法融入当代“新人”的思想和生活中，为团队个人提供学习、生活娱乐和成长的平台，打造潜意识主动学习的良好氛围。比如，保险行业、直销行业、快消行业等，有的企业每周、每月、每年都会给员工报销书籍、培训费用，每年都会送员工外出进修一两次，免费给优秀个人报高级研修班等。2017 年，张仲景香菇酱团队区域经理层面的成员就参与了郑州大学的高级营销研修课程学习，我在其中做了《如何做好优秀区域经理》的讲座。讲的都是自己经历的故事，大家都很愿意听，这种走出去的学习方式，是为营造一个优秀团队人人学习提供了机会，也为企业文化树立了良好的形象。

第二节　差异化市场的队伍如何组建

不同的目标市场，队伍组建的方法也不一样，看起来很轻松，实际上没那么简单，就像大家看过的四大名著拍成的电视剧，在你体会到这些著作给你带来愉悦心情和对生活有帮助时，大家更多的是被眼前的场景所感染。其实很少有人在这时会想到，原作者在构思这些人物个性时不知道花费了多少心思才能付诸笔端。换句话来说，做销售和销售管理又何尝不是一样呢。对于不同的市场、不同的产品，也是需要不同的队伍来完成的。大家应该都有过这样经历，就是现实中同样的市场，因为不同的领导带领相同的成员，或者是不同的成员相同的领导，最后达成的效果都会不一样。有的队伍生龙活虎，成绩突飞猛进；有的队伍犹如一潭死水，成绩停滞不前。因此，对于不同市场、不同产品学会用不同个性成员组建不同的队伍，对于个人、公司都是不可忽略的多面性管理技巧。对差异化市场不同产品队伍组建最有效的办法有以下几种。

一、成熟市场成熟产品的队伍组建

一般来说，一个成熟的市场队伍，经销商网络和管道开发基本上也是成熟的，再加上有成熟的产品，那么这个市场上 90% 的工作都是维护工作，最多有 10% 的工作是开拓工作。这种成熟网络、成熟管道、产品也成熟的市场，营销活动沉淀下来的市场基因也很多，相对来说组建队伍比较容易一些。也正是因为有稳定的市场基础，再加上人的自私性和天生的惰性，这种市场的业绩一般会保持平稳状态，因为都想过安稳的日子，谁来了都不想当“出头鸟”。这种现象在知名品牌的企业中尤为突出，这就是大企业中很多区域的销售业绩为什么会一直保持某种平衡，最重要的原因就是没有打破团队的平衡状态。那么，该如何用TPS策略调整这种队伍并打破僵局呢？

（一）维持现状用新目标考核破局

维持既有队伍现状基本不变，明确一个月的细化目标，通过稽核目标结果打破队伍环境的平静，按照目标要求稽核执行结果对比，把队伍数量进行适当比例调整，注意不是所有的部门和工作环节都不动，而是在队伍成员中保证80%的稳定和20%的更新流动。通过合理方式补充10%的力量型业务员开拓空白管道，同时补充10%的完美慢性格平稳型业务员深度耕耘市场，并以此次打破队伍环境平衡。比如，某成熟市场有10名成员，留下8名成员不动或者平行移动，剩下两名成员要么调岗、要么淘汰，再补充1名有冲劲的业务员打攻坚战，1名做事稳健不急躁的业务员专门下沉市场深耕，并朝着市场纵深处拓展，把基础工作做得更细致。

（二）从异地调兵来破局

异地调兵破局就是根据目标市场销售工作需要，从其他区域临时调遣队员作为“新人”来参与执行目标任务活动，这样做可以使销售工作快速落地，精准攻克堡垒。因为熟人对市场的一切状态都比较熟悉，市场工作中容易出现“避重就轻”的现象，比如，不好做的客户不做，不熟悉的客户就不拜访等跳点行为，导致市场做不细，流失销售机会。采用异地调兵组建方式切实增强危机感，并探索出新的竞争机制。“新人”到来后，由于对市场常态不了解，只要给予明确的目标指示。比如，扫街铺货，就能避免拜访工作中挑店、漏店的现象。

（三）通过竞标“换帅”破局

重赏之下，必有勇夫；得来不易，才会珍惜。在一个队伍中，如果一个队员有问题，也许是个人的问题，但如果一群成员都有问题，就应该是主帅的问题。要解决问题的根源，就必须找到主帅的问题和团队成员的问题。比如，销售额一直上不去，或者公司经常收到经销商投诉，或者队伍成员去向经理告主管的状，或者是市场上明明暴露出严重问题但没有一个人出来反映等，必须透过现象找到本质，才是解决问题的关键。

公司针对区域市场“换帅”，有时是为了达到某种目的，有时只是一种手段，但是在这里还是要弄明白“换帅”组建队伍的目的是什么。是为了改变现状、突破销售额，还是改变队伍组织结构、增强组织活力，这是必要前提。选帅时可使用的办法有很多，最简单的就是直接指定人选“换帅”。但这种做法容易涉及人情的因素，不利于市场销售业绩突破，最有效的方法就是把目标市场作为目标物，公司统一制作标书，通过公开、公平、公正的活动让公司内部更多具备条件的人才参与竞标，选出最佳人选担当区域主帅，组建新的队伍，启动内部机制，打破平静状态，才能创造出惊人的成绩。

某牌子的产品在贵州市场的销售额，从2009—2013年一直徘徊在9亿~11亿元之间，公司也更换过省级主管，每年都有增长，就是增长不多，停留在2%左右。2014年，公司高层领导采取省级任务竞标竞岗，更换了老主管，选出了新的主帅。这位新主帅一上任就把队伍进行组建调整，“新官上任三把火，火苗落地染红半边天”。2016年，该公司产品在贵州市场的销售业绩突破了15亿元。这就是竞标“换帅”对市场产生的推动力，是你想要的吗？不妨综合分析各种条件后试一下。

二、成熟市场新产品的队伍组建

每个公司都有成熟的市场，这个市场无论是在哪里，都意味着有一支成熟的销售队伍，随时都可以战斗。摆在管理者面前的问题是面对新产品，是用原来的队伍推广，还是重新选择队伍推广，对新产品拓展产生的结果是完全不一样的，一种是积极正面的影响；另一种是顺其自然的影响。比如，新产品上市推广，沿用原来的队伍、原来的网络，首轮铺货较快，但是对新产品的重视度不够。无论是业务队伍还是客户队伍，都明白新产品有利润，但是一般都不会花太多精力去做新产品，因为太费时费力。

所以，沿用原有队伍进行推广，新产品是否能推广成功，就是顺其自然的事情了。卖好了皆大欢喜，卖不好也没有什么损失。如果选择新的队伍来推广，并且给予了新的任务和新的责任，可能结果就会大不一样，因为是孤注一掷，别无选择，甚至连客户都是新选择的，所以无论是业务队伍还是客户队伍，对新产品的重视度都比较高，对新产品推广的成功率也会比较高。

某食品公司的产品一直很畅销，这几年因为烘焙产品的市场不错，于是在 2015 年 6 月推出一款保鲜期为 30 天的蛋糕，凭借原班人马和拥有的网络迅速展开推广，一个地级市场短短 3 天就铺下去 7800 件产品。第一轮铺货不错，于是客户蜂拥报单发货，公司也加大了生产量，火速安排物流发货。可是让客户和业务员万万没有想到的是，当第二批货到达客户仓库后，因为第一批铺到市面上的货并没有很快被消化掉，再加上部分客户没有操作过短龄产品，于是第二批货滞留在仓库中、批号变老。情急之下，客户向业务员要政策，业务员一时间手忙脚乱，经销商全部低价甩货，这款产品的市场价格很快被彻底打乱，随后就退出了消费者的视线，一款新产品就这样快速“阵亡”了。

三、新市场成熟产品的队伍组建

任何一种产品，无论经营了多久、有多成熟，总会有未开发的空白市场或者陌生管道。任何成熟的产品，无论以前总结了多少经验，都不能照搬到新的市场、新的管道，要把这种产品当作新产品，空白市场和陌生管道都要看作是新的市场，都是新的增长空间。在队伍组建时，都需要认真分析、采取全新的思维，否则就容易犯经验主义，出现队伍怠慢工作、惰性对待产品的情形，本来完全有机会做好的市场，结果因为“各种经验和曾经的挫折”，使得产品推广受阻，占领新市场的规划失败。面对这样的产品和市场该如何组建新的队伍呢？那么就要派驻能力型领导破局。

成熟产品进入空白市场，说明这种产品有一定的知名度，随着企业的精细化深入和市场精耕，以及项目发展规划，这些新项目呈现在面前就形成空白市场。也可能是之前要开发这些新市场遇到了阻力，难度相当大或者投入很大，长时间搁置后遗留下来未开发的管道。无论哪种原因，面对这些新市场：一是要派驻有经验，做事雷厉风行的能力型主管，这样的人才抗压，就算遇到困难也不会找各种理由逃跑，而是直接攻坚，即便他的方法是错的，也会用行动证明他是对的；二是从内部晋升综合能力相对强的新人担当主管，新官上任一般都会珍惜机会，会想方设法做出成绩。

2017 年 4 月中旬和 5 月下旬，很偶然的机会受邀参加了 A 公司和 H 公司的中高层管理讨论会，在晚上的饭局上，两位老板给我讲述经历过的市场开拓用人的故事。H 公司生产销售副食品 8 年，其中一款产品已经上市 5 年多了，但是因为各种原因对云南、四川、贵州、新疆等边远地区的市场一直没有开发。在 2009 年 6 月派出 1 名靳主管去开发西南的贵州市场。这名主管经过半年的努力，基本上完成了整个贵州省会及地县级市场经销商网络布局，半年达成销售额 350 万元。

另一家同样也是生产销售副食品的 A 公司，在北方市场已经做了 6 年多，公司在 2009 年的战略规划要开发西南三省及边远地区。为了能迅速拿下四川省成都市场，该公司在 4 月从某知名副食品企业用高薪挖来一名曾在川渝市场工作过的赵主管。这名主管上任后，半年下来只开发了 3 家小客户，达成不到 30 万元的销售额，成绩非常不理想。

我好奇的是，这两个公司派出去的主管，工作结果为什么会出现如此大的区别？在我询问后，发现主要是组建的队伍出了问题。这两位主管的工作经历和做事风格直接影响了市场开拓的成败。靳主管在业务层面做了 3 年，急性子、不怕挫折、能吃苦、家境贫寒、擅长人际交流沟通、思维敏捷，当时单身愿意驻外，直接被晋升区域主管，十分珍惜机会，有舍身达成任务的使命感。赵主管是空降兵，企业文化水土定有不服，看中的也许是高薪，享受过大公司舒服待遇，一般不是能力成就价值，就是平台成就价值，可能是赵主管高估了自己的能力，没想到从大公司指挥部跨越回到小公司基层实战，自己根本就放不下架子。其实生意场上老关系也是取利，在大多数情况下，平台在时权力在，平台不在了就另当别论，别说是朋友，那是生意。吃老本，注定失败。

四、新市场新产品的队伍组建

面对全新的市场和全新的产品，犹如一张白纸，无知也无畏，没有参考标准，也没有思想羁绊，一切工作只要按照计划落实推进就行。因为新队伍中的每一位成员在很多时候都可以灵活行动，下手的地方多，只要行动的次数和频率足够高，就能给公司创造很多的增收机会，产生的经济效益自然就多。因此，面对全新的市场、全新的产品，因为没有可比性，组建队伍相对来说轻松简单。也正是因为在这样的环境下组建队伍相对简单，很多企业在这一步却犯了人才管理错误，造成公司大量的资源被浪费，轻者影响市场开发进度和新产品推广的拓展速度，重者把市场做成“夹生饭”，公司不得不重新组建队伍和重新启动市场。

W 公司是 2015 年 4 月初申请成立的一家饮品生产销售公司，在 2016 年 3 月推出一款甜牛奶含乳饮品，率先开发河南省、山东省青岛及烟台市场。公司聘用一位老家在沈阳 30 岁出头，2 月刚结婚的张主管负责这两个市场的工作。这名张主管上任后迅速搭建了班子，积极开拓市场，到 8 月已陆续开发出 15 家（河南省 3 家、青岛 8 家、烟台 4 家）中小经销商。

可是到了 9 月，公司行政部不断接到经销商投诉，说最近几个月见不到该公司业务员，产品严重滞销也没有业务员管，打张主管电话说会及时安排业务员协助处理，但是见不到张主管，业务员也迟迟不到，甚至有 3 家经销商明确说不再合作了。面对突如其来的投诉，急坏了销售总监王总，他百思不得其解，到底出了什么问题。他火速前往市场走访调查后发现，因为这名张主管活泼好玩，队伍中的五名成员也与张主管一样活泼好玩，再加上这名张主管刚结婚，经常回老家，公司监督不到位，业务员见张主管经常不在也跟着偷懒，产品滞销越来越多又没人指导，于是业务员干脆不下市场不见客户，导致问题投诉规模性爆发，影响了公司业务的正常发展。

这个案例就是典型的组建团队不当和团队监管不力导致的结果。那么，针对新市场、新产品到底如何组建一支稳健踏实的团队呢？提出两个有效的办法：一是必须选择综合型素养的主管；二是选择匹配和互补的队员。

（一）选择综合型素养的主管

一个好的开局就意味着成功了一半。新市场开发和新产品推广时的队伍组建也是如此，临门一脚才是关键，首先，找到一个好的主管带领队伍，公司就会非常省心。无论是初创公司还是中小企业，在开发新市场和推广新产品时，能正确识人、正确选择主管非常关键，关系到公司生意的成败。因此，在选择主管时，不管是从内部晋升还是外聘，首先这个人要有丰富的工作经历和阅历。如果没有相应的实战经验，盲目或者仓促派遣主管，无疑是提前给市场埋下了“定时炸弹”。

其次，还要和即将上任的主管就家庭生活等进行沟通，了解其生活状况、家庭状况、生活习惯及生活爱好，包括个人经济结构等，这些看似简单的东西，都会直接影响一个人投入工作的精力和工作状态。

最后，对即将上任的新主管有 15 天或者 30 天的观察期（观察期绝对不是试用期，而是准备派往新市场前要从其身上寻找潜在的综合因子，观察是否适合任用），万万不可没有观察期就直接派往新市场，否则受损失的还是老板。

××公司老板在 2017 年 5 月承诺月薪两万元，其他福利另计，高薪外聘了一名主管，负责该公司系列产品销售工作。这名主管多次与老板提到公司小、品牌认知度低，产品价格太高，希望公司抓紧做广告、大力度促销，还说市场再这样下去真的很危险。7 月初，这位主管上任快两个月了还没有一个订单，老板急了直接叫这位主管走人。问题是叫他离开很轻松，公司不给他承诺的薪水，他会心甘情愿离开吗？肯定不会。如果全部兑现了承诺的薪资，那么这个投入产出比的代价也太大了，“赔了夫人又折兵”。事实上一名真正合格的主管就是一名人事经理：一是要会识人；二是要会用人；三是能管住能人、调动人，同时也是业务能手或者冲锋好手，这样的主管才是合格的主管。

（二）选择匹配与互补的队员

很多主管在搭建班子时，都是寻找自己喜欢的、像自己的和听话的成员。殊不知，这样组建的团队是不可能高效完成工作任务的，这种现象应该比较普遍，我相信总裁们都遇到过这样搭班子的事情。试想一下，能力强的人非常有个性，为人处世肯定会有自己的棱角，固然不好管，很多主管都会以这类人不听话为由而拒之门外。

小公司小牌子没名气，小团队选人以能力为主，需要容忍员工的一些缺点；大公司用人因组织架构完善，工作细分小片化，团队骨干成熟，选人以德为主，人品第一位。当然，选择忠诚的、敢于合作、敢于打拼的人无可厚非，但是如果每位成员个性都一样，那么这个队伍一定没有活力和闯劲儿，或者是“死水一潭”。

我认为团队成员的个性一定是互补的，这绝不是巧合。比如，一个家庭的组成，夫妻俩的个性在大多数情况下都是互补的，一个主内一个就主外，一个强势一个就弱势，一个活泼一个就内向，要不然也就不会有幸福的家庭，更不敢想象如果两个人都是一样的个性，组成家庭会是什么样的结果。团队成员的合理搭配及个性互补，是新市场能否开发成功及新产品能否拓展开来的关键所在，优秀的团队都是如此。

第四章

Chapter 4

确定目标

第一节　目标确定的七大原则

一、目标确定是团队最重要的动力源

我们对未来的需要取决于确定的目标及为实现目标而付出的努力程度。一个人如果没有目标、没有信仰，人生是多么苍白。在市场活动中，该如何选择活动过程中的每一个目标，如何确定目标数字，如何确定目标方位、目标位置……对随后的策略落地至关重要。这里先给大家分享一个关于目标的小故事。

在一个暑假的周末，一位父亲带着他的三个孩子到沙漠里猎杀骆驼，他们走了很长的路才到达目的地。面对茫茫干旱、风沙四起的沙漠，父亲微笑着用手指画着问老大："你看到了什么？"老大手舞足蹈地回答道："我看到了猎枪、骆驼，还有一望无际的沙漠。"父亲摇摇头说："嗯！不对。"父亲又用相同的问题问老二。老二回答道："爸爸，我看到了您、哥哥、弟弟、猎枪、骆驼，还有一望无际的沙漠。"

父亲又摇摇头说："嗯！也不对。"父亲再用相同的问题问老三。老三回答道："我除了看见骆驼外，其他什么也没有看见。"这位父亲立马抱起老三，高兴地点点头说："嗯！这就对了。"

故事通俗，也很简短，道理每个人都懂，也都明白，但是现代人的问题不是不懂道理，而是需要不断地提醒。因此，要想把事情做成功，一定要清楚自己到底想要什么，关注自己最想要的，其他的不需要在意，更不需要被杂七杂八的事情影响目标和心情。目标可以是生活上的，也可以是工作上的，无论大小，一辈子的目标、一段时期的目标、一个阶段的目标、一年的目标、一个月的目标、一个星期的目标、一天的目标、一个小时的目标、一分钟的目标，目标一经认可，确立后就要集中全部精力、勇往直前，让它走进你的心里，走进你的梦里。

二、目标确定在 TPS 活动中应遵循的七大原则

在用 TPS 系统执行目标市场的商战活动中，无论是制定团队的目标，还是团队成员的目标，制定的过程都是对个人、部门或整个组织先期的工作掌控能力提升的过程。要确保选择制定的目标任务能真正落地，就必须遵循 TPS 系统对确定目标最基本的要求和规律，概括起来有以下七大原则。

（一）目标可操作可实现

TPS 商战活动中，提前规划制定的每一个具体目标必须是被执行人所能够接受的。如果主管利用岗位权力赋予一些行政手段，利用权力性的影响力主观武断地把自己制定的目标强压给下属，最典型的反应就是下属心理和行为上的激烈抗拒。比如，表面上可以接受，但是心里是否完成这个目标、有没有最终的把握，完全处于抗拒的状态。有一天，制定的这个目标真完成不了时，下属就会有一百个、一千个理由推卸责任。常见的反击就是"我当时就觉得不可能完成，公司非得硬压，明明这个目标完成不了，领导当时坚持要压给我，我当然只能接受了"。特别是"控制式"的领导最喜欢埋头定目标，然后强行交给下属完成，

他们不在乎下属的意见和反映。

在现实生活中，我们必须承认后生可畏，特别是“95后”“00后”员工的成长环境、知识层次、学历、自己本身的素质，以及他们主张的个性张扬的程度早已超出了“70后”“80后”，甚至超过了“90后”。因此，无论是个人目标、部门目标，还是整个团队整体的目标，领导者都应该更多地吸纳下属来参与。比如，要让员工在制定目标过程中成长，就先不要想达成目标会遇到的困难，要不然热情还没点燃就先被畏惧心理打消了。

根据美国管理心理学家维克托·弗鲁姆的期望理论，人们在工作时的积极性或努力程度（激发力量）是效价和期望值的乘积。其中，效价是指一个人对某项工作及其结果（可实现的目标）能够给自己带来满足程度的评价，即对工作目标有用性（价值）的评价。期望值是指人们对自己能够顺利完成这项工作可能性估计，即对工作目标能够实现的概率估计。对可实现及可操作目标的坚持是团队中必要的动力源泉之一，也是达成目标的利器之一。

如果一个目标对其接受者要产生激发作用，这个目标必须是可接受的、可以完成的。对一个目标完成者来说，如果目标超过其能力所及的范围，则该目标对其没有激励作用。对于目标设置和目标实施要坚持让员工积极参与、上下左右及时沟通，使拟定的工作目标在组织及个人之间迅速达成一致，既要使工作中的每一个内容饱满，也要具有可操作、可达成性。比如，可以制定出跳起来“摘桃子”的目标，从摘到一个个桃子逐步激发士气。不能制定出跳起来“摘星星”的目标，结果会导致一颗星星都没有摘到，把员工和团队的士气都磨没了。因此，制定的目标应建立在可靠的基础之上，必须是可行的，而不能是可望而不可即的，应建立在对组织内外环境进行周密调查研究的基础上，有充分的客观依据。

（二）目标清晰明确不模糊

所谓目标层次要清晰明确，就是必须要用具体的语言清楚地说明每一步要达成的行为标准。很多团队不成功的重要原因之一，是目标定得模棱两可或者没有将目标有效地传达给相关成员，导致最后目标失败。比如，我们在开会时经常会说要“增强服务客户意识”，然后就没有说明了，这种对目标的描述就很不明确，因为增强服务客户意识有许多具体做法。我们换一种说法，要减少客户投诉，5 月客户投诉率是 5%，6 月把它降到 2% 或者 1%，这样的目标就非常清晰具体。重点从提升服务“速度”、使用规范礼貌用语、采用规范服务流程等方法达成目标，这些目标都是非常模糊的。从这里又可以看到，增强服务客户意识的做法有很多，我们所说的“增强服务客户意识”到底是指哪一处？模糊不明确，就没有办法评判、衡量和执行。我们还可以这样修改，我们将从 6 月初把前台收银的“速度”提升至正常的标准，这个正常的标准可能是 2 分钟，也可能是 1 分钟，或分时段来确定标准。

特别提醒：对 TPS 系统的使用，目标设置要有环境、有项目、有衡量标准、有达成措施、有完成期限及资源要求，使考核人能够很清楚地看到整个组织中要做哪些事情，计划完成到什么程度。

（三）目标可衡量可考核

目标的可衡量性，几乎是所有成功团队的一致特点。选择制定的目标不仅要具体明确，还要非常清晰便于衡量，而不是笼统空洞的响亮口号，应尽可能逐层用数量、数字、数据表示出来。

目标可衡量性是指目标应该是明确的，而不是模糊的，应该有明确的资料，作为衡量是否达成目标的依据。如果制定的目标没有办法衡量，就无法判断这个目标能否实现。比如，很多企业老板经常会对员工说：“好好做吧，我不会亏待你的。”员工会回答老板：“我相信老板。”某一天领导问：“这个目标离实现大概有多远？”团队成员的回答是：“我们早实现了。”类似于这样问题就是领导和下属对许诺目标所产生的分歧，原因就在于没有给出一个定量的可以衡量的分析数据。当然，并不是所有的目标都是可以衡量的，也有例外，大方向性质的目标就难以衡量。某公司计划在 2017 年对所有的老员工安排进一步提高管理技能的管理培训，这里的“进一步”是一个既不明确也不容易衡量的概念，到底是指什么内容？是不是只要安排了这个培训，不管谁来讲，也不管效果好坏都叫作“进一步”？改变一下说法：在某个时间完成对所有老员工关于某个主题的培训，并且在这个培训课程结束后，学员的评分要在95分以上，低于95分就认为效果不好，高于95分就是所期待的结果。稍微补充描述后，这个培训目标是不是就变得可以衡量了？

目标的可考核性是指所制定的目标必须明确，不能模棱两可或含糊不清。如果目标不具有可考核性，也就失去了目标计划的作用。一般来说，目标有定性目标和定量目标。要想使目标可以考核，一个途径是将目标量化。目标定量化往往会损失组织运行的一些效率，但对组织活动的控制，对成员的奖惩会带来很多方便。但是许多目标是不宜用数量表示的。所以不能硬性地将一些定性的目标数量化和简单化，其结果有可能将管理工作引入歧途。

另外，在组织的活动中，定性目标是不可缺少的，主管人员在组织中的地位越高，其定性目标就可能越多。定性目标不好把握，在工作中制定的定性目标一定要明确给出可考核的指标，大多数定性目标也是可以考核的，但不可能和定量目标一样考核得那么精确。尽管确定可考核的目标是十分困难的，但任何定性目标都能用详细说明规划或其他目标的特征，以及完成日期的方法来提高其可考核的程度。

特别提醒：任何目标的衡量标准都要遵循“能量化的就质化，不能量化的就感化”，制定人和考核人都要有一个统一的、标准的、清晰的可度量的标尺，杜绝在目标设置中使用形容词等概念模糊、无法衡量的词语描述。对于目标的可衡量性应该首先从数量、质量、成本、时间、上级或客户的满意程度五个方面进行，如果仍不能进行衡量，可考虑将目标细化，细化成分目标后再从这五个方面衡量。如果仍不能衡量，还可以将完成目标的工作进行流程化，通过流程化使目标可衡量。

（四）目标需有阶段性期限

阶段期限性是目标的又一特性，任何目标计划的达成时间都是有时间限制的。比如，计划在2017年12月31日之前完成本书初稿5次修改，在2018年2月28日前交给出版社出版。2017年12月31日和2018年2月28日就是一个确定的阶段时间限制。如果目标没有时间限制就没有办法进行考核，还有可能会造成考核的不公平。有时候经常出现上下级之间对目标轻重缓急的认识程度不同，上司着急得要命，但下属却不知道，到头来往往是上司暴跳如雷，指手画脚骂个痛快，而下属只有满肚子的委屈。这种没有明确时间限定的方式也会造成考核的不公正，不仅伤害相互之间的工作感情，还会严重打击下属的工作热情。

特别提醒：任何目标的设置都要具有时间限制，绝不可遥遥无期。根据工作任务的权重和事情的轻重缓急，层次要清楚，详细拟定出完成目标项目的阶段时间要求，然后定期检查项目的完成进度，及时掌握项目进展的变化情况，随时了解员工工作状态，以便对下属进行及时的工作指导，根据工作计划的异常情况及时调整、优化工作计划方案。

（五）目标关联并网络化

目标的关联协调是指实现此目标会关联到其他目标的实现状况。如果目标之间没有关联性，也没有协调性，就算实现了前面的目标，其他的目标完全不相关，甚至不协调，或者相关联程度很低，那么达成或者实现这个目标的意义也不大，也就不可能给公司或者组织创造更多的经济效益。因为每一个工作目标的设定，是要和岗位职责相关联的，不能跑题。在北京、上海开出租车的司机，让他们学一些英语以便接待外国客人时用得上，这时候提升英语水平和提高出租车服务质量就有关联，即学英语这一目标与提高服务工作水平这一目标直接相关。若你让他们学习函数和化学周期表，就严重跑题了，因为出租车司机学习函数和元素周期表这一目标与提高出租车接待服务工作水平这一目标是不相关的。

目标这一主体，因为关联性，使目标具有网络体系体验化的特性，这一点等5G时代到来时大家应该就能更加深刻地体验到。因为目标体系是从整个组织来考察组织目标的，目标网络则是从某具体目标的实施规划的整体协调方面工作的，各个分支之间有着千丝万缕的关系。如果各种目标不相互关联、不相互协调或互不支持，那么组织成员会出于私利而采取对本部门有利而对整个公司不利的途径。

目标关联网络的内涵主要体现在四个方面：一是目标和计划并非线

性的。也就是说，并非一个目标实现后就接着去实现另一个目标的，而是目标与规划形成一个相互联系着的网络体系；二是组织中的主管人员必须确保目标网络中的每个组成部分相互协调，就是在制定目标时必须考虑目标的全局和协调；三是组织中的各部门在制定部门目标时，必须与其他部门相关联协调，不能各自为政；四是组织制定各自的目标时，必须与许多限制、约束因素相互协调。

（六）目标系统指标多样化

组织目标总体来说只有一个。所谓目标的多样性是指总目标不同侧面的反映，或者总目标可以用不同的指标来全面反映，但层次比较清晰。企业的总体目标是多重的，即使是组织的主要目标，一般也是多种多样的，可以包括一定的利润率；继续开发专利产品的科研重点；发展和实行股份制；通过企业留利和银行贷款来扩大再投资；把产品销往全球市场；确保优质产品的竞争价格；在同行业中取得主导地位等，每一个方面都还有更具体的目标，比如，利润率方面可能包含产品利润率、销售利润率、资金利润率和投资报酬率等目标。

组织目标系统的多样性除了体现在主要目标和次要目标方面外，还体现在组织中既有明确目标，也会有模糊目标。管理企业就是需要在多种目标之间取得平衡，这就要求对错综复杂的现实做出判断，寻求某个唯一的目标，实际上就是企图寻求一种“灵丹妙药”来替代自身的判断和分析，但事实上在实践中是行不通的。

因此，了解目标的多样性，有助于管理人员正确地确定目标，充分发挥目标的作用。

（七）目标信息及时回馈

目标信息回馈是把目标管理过程中目标的设置、目标的实施情况不断地回馈给目标设置和实施的参与者，让参与者及时知道组织对自己的要求、自己的贡献情况，做到结果信息互通，方便管理者及时纠偏。如果建立了目标再加上回馈，就能进一步改善员工的工作表现。

企业组织不仅要重视目标信息回馈工作，还要随时了解目标实施过程中的动态情况，以便采取措施、及时协调，才能使目标顺利实现。那么用什么样的方法对目标工作进行回馈的效果最好呢？我认为需要重视以下两点。

一是建立“目标工作进度表”和“工作质量联系单”来及时反映工作质量和服务协作方面的情况，尤其是在一个部门与另一个部门之间发生工作纠纷时，目标管理部门就能从“目标工作进度表”和“工作质量联系单”中及时了解到详细情况，加强对目标实施动态的了解。经过及时深入调查尽快解决，这样就能大大提高工作效率，减少部门之间的不协调现象。

二是在对目标进行纠偏时，通过“修正优化目标方案”来调整目标，包括目标细分项目、原定目标、修正目标及具体修正原因等，并规定在工作条件发生重大变化需修改目标时，责任部门必须填写“修正优化目标方案”提交企业管理部门或者主管，由管理部门提出意见，交主管批复后方能进行目标优化修正。更重要的是这种方法能加强各部门的责任心和主动性，从而使企业各部门从过去等待问题找上门的被动局面，转变为积极寻找和解决问题的主动局面。

第二节　目标市场与产品

一、目标市场

TPS 系统商战中，目标市场是指参与活动的产品（包括思想）通过某种营销行为被推向一个或多个细分后的消费场所。地理方位、商业结构及业态不同，对 TPS 系统商战目标市场的选择也不同。由大到小定位目标主要体现在以下 6 个方面。

（一）全球村目标市场

未来是一个全球村，未来的产品、信息、资源等都是互连互通的，流通无界，售卖也无界。你可以选择地球上的任何一个地方作为目标市场，随时把你的产品卖到地球上的任何一个角落。

（二）大洋板块目标市场

根据地理常识，由于地壳和海陆的运动，全球可分为太平洋板块、欧亚板块、非洲板块、美洲板块、印度洋板块和南极洲板块，我们可以选择任意一个板块作为目标市场。

（三）主权国家目标市场

全世界有200多个国家和地区，可以选择任何一个国家作为目标市场，比如中国、美国、日本、法国等。

（四）中国目标市场

选择中国南海、中国台湾地区、中国香港特别行政区、中国澳门特别行政区；也可以选择东三省，如黑龙江；还可以选择西南三省，如贵州；或者选择中原地区，如河南等。这些都可以细分后作为产品销售和市场开发的目标。

（五）省内目标市场

我们可以选择一个省的任何一个辖区作为目标市场，比如，河南省，你可以选择省会郑州，也可以选择地级市洛阳、商丘、新乡等，还可选择一个县城。

（六）业态目标市场

根据商业服务性质不同，可以选择不同的业态作为活动的目标市场。比如，餐饮市场（高档餐饮、中档餐饮、普通餐饮店等）、宾馆管道（高档宾馆、中档宾馆、普通宾馆、连锁宾馆、招待所等）、零售管道（大卖场、标超、小区便利店、连锁门店、夫妻店等）、特殊管道（机场、高铁站、火车站、旅游区、高速服务区、洗浴中心、养身会所等）、专业管道（名烟名酒商行、礼品专卖店、粮油专卖店等）、现代移动网络（淘宝、京东、唯品会、微商等）、智能管道（无人售卖机、无人值守超市等）。

二、目标产品

在TPS系统商战活动中，参与活动的目标产品，是根据分析选定所处位置的市场上竞争对手的产品。目的是经过诸多方面的比较，包括竞争对手优劣势，以及价格、价差、产品生命周期等，结合企业自身条件，为自己的产品创造出一条特色通道，塑造并树立一定的市场形象，以求目标顾客通过特色网络平台形成对自己产品的特殊偏爱。其实质就是取得目标市场的竞争优势，塑造各层次顾客接受心理定价的产品，确定产品在顾客心目中的适当位置，并留下值得购买的印象及对场景体验的价值传播。TPS 系统进行商战活动时对目标产品的活动细化如下。

（一）活动目标成熟产品

企业为了继续加强目标市场渗透，扩大产品销量，或者开拓空白管道、空白市场，最有效的办法就是在成熟产品上做文章，比如，季节性增量促销和营造销售氛围的促销。

（二）活动目标新产品

企业为了抢夺市场份额、占领资源通道开发的新产品或者模仿跟随开发的新产品，对目标市场的一切活动都是围绕消费者认知和营造销售氛围展开营销活动。

（三）活动目标创新产品

为了竞品区隔和打造企业核心竞争力，企业科研部门自行研发或者通过企业购买知识产权而生产的新产品，适用于产品研发初期定位的目标市场，重点营销工作和营销成本在于引导消费者。

（四）活动目标对标产品

活动目标对标产品是最普遍、最常见的产品，就是在市面上表现好的新产品，你有我也要有，跟随速度快。比如，2017 年流行的山楂饮品，因为冠方山楂树下和开卫山楂饮市场表现不错，米奇公司迅速跟随，综合分析优势后开发出消时乐，对标竞品，借助各大平台优势，厚积薄发，一举制胜。

（五）活动目标矛盾产品

一般情况下，矛盾产品都是为了适应市场及公司发展需要不得不提前开发的替补产品，相互之间会形成对冲，结果是新产品上市后老产品很快就被新产品打败。比如，太古可口可乐新产品进入目标市场就是很好的例证，酷儿上市推广后打败了醒目，果粒橙上市后打败了酷儿，美汁源上市后果粒橙又找不着了。

（六）活动目标阶梯产品

活动目标阶梯产品，也就是我们常说的楼梯产品，是企业产品链的一种战略，既有产品结构的梯队，也有价格结构的梯队，能很好地对竞品形成攻防。比如，康师傅产品的价格段，娃哈哈产品的结构链，都是阶梯状产品最好的例证。

（七）活动目标引力产品

活动目标引力产品是根据消费者的强烈消费需求研发出来的，或者是该产品在研发时就是针对精准的消费群体，这种产品对人们的生活有强烈的诱惑力，电子产品最为突出。比如华为手机、苹果手机、小米手机等，都是引力型产品的典范。

第三节　目标任务

在 TPS 系统商战中，目标任务不同于常规的目标任务，是 TPS 系统商战目标市场中各项活动的任务，是根据市场调研分析后选择的目标市场、目标产品和目标团队三者综合后确定的任务，可以是销售任务，也可能是某项工作任务，都是明确的数字和清晰量化的指标。目标和任务是相辅相成的。比如，目标是喝到一瓶水，那么目标任务就是拿到这一瓶水的步骤：准备交换条件——来到卖水的地方——交换——1 瓶水——打开瓶盖——喝水，这个目标任务就完成了，这里也叫作目标任务管理。

一、目标任务管理的三个步骤

TPS 系统商战中的目标任务管理，没有常规的那么复杂，就是以目标任务为导向，以组织团队为核心，围绕以达成结果为标准，使组织、团队和个人取得最佳成绩、创造出最佳效益的现代管理方法，必须要经过三个步骤。

第一步是设定目标任务。目标任务的设定是目标管理最重要的阶段，它包含以下 4 个层面：

第一个层面是核心高层管理预定的目标，这是一个暂时的、可以改变的预案目标，既可以是上级提出，再同下级讨论，也可以由下级提出，上级批准后执行。这两种方式，无论选择哪一种方式，有一点是有共性的，就是必须共同商量后决定。领导必须根据企业的使命和长远战略愿景，精准预测客观环境带来的机会和面临的挑战，对该企业的优劣做出清醒的认识并决判，对组织应该和能够完成的可衡量目标胸中有数。

第二个层面就是要重新审议组织结构和职责分工，在这个层面必须做到目标管理要求的每一个分目标都有确定的责任主体。因此，在预定目标之后，还需要重新审查现有组织队伍结构是否合理，根据新的目标任务分解、分配要求进行必要调整，指定明确目标责任者及关系协调者。

第三个层面强调的是确立下级的目标。首先，下级要明确组织的规划和目标任务，其次商议拟定下级具体的分目标。这里需要指出的是在目标任务讨论中，上级要尊重下级、要平等待人、要耐心倾听下级意见。另外，分目标要具体、要量化，更要便于考核，还要分清轻重缓急，以免顾此失彼，同时既要有挑战性，又要有把握实现的可能性。每个员工和部门的分目标要和其他的分目标协调一致，支持本单位和组织目标的实现，以防止下级目标实现后与上级目标产生差距，进而影响企业的总体目标制定规划。

第四个层面相对简单，就是上级和下级就实现各项目标所需的支援条件，以及实现目标后给予的奖惩事宜达成共识。上级对每一个制定后的分目标：一是要给予员工战前鼓励；二是要授予下级相应的资源分配的权利，确保实现责权利的高度统一。

第二步是实施目标任务。目标审定好后，要重视对目标管理的结果，做到三自，即自主、自治和自觉的思想共识。要注意的是，目标任务设定好后，并不等于领导可以放手不管了，相反由于形成了目标体系，如果一环失误，就会牵动全局。因此，领导在目标实施过程中的管理是不可缺少的。首先，进行定期检查，利用双方经常接触的机会和信息回馈管道自然地进行；其次，要定时向下级通报进度，便于互相协调；最后，要帮助下级解决工作中出现的问题，当出现意外、不可测事件严重影响组织目标实现时，也可以通过一定的方式方法，及时修改优化原定的目标。

第三步是测评目标任务结果。首先，下级要进行小组会议讨论，自我评估活动效果，形成书面文字提交书面报告；其次，上下级一起考核目标完成情况，决定奖惩及吸取相应的经验教训；最后，及时讨论下一阶段目标如何实施，开始新的循环。当然，如果前面的目标没有完成，或者没有达到预期效果，切忌绝不能相互指责、互相推诿，应分析原因、总结经验得失，随时保持高度热情、相互信任的战斗气氛。

二、案例解析目标任务管理

对于 TPS 系统商战的目标任务到底该如何管理？磨刀不误砍柴工，先来听两个故事：一个是关于游泳的故事；另一个是关于马拉松的故事。

故事一：游泳

这个故事发生在加利福尼亚。那是在 1952 年 7 月的一个早晨，加利福尼亚海岸突然起了浓雾，而在海岸以西约 21 英里的卡塔林纳岛上，有一个 43 岁的女人正准备从太平洋游向加州海岸去，这个女人叫费罗伦丝·查德威克。

这天早晨，天气非常寒冷，海水冻得她身体发麻，雾又特别大、特别浓，她几乎看不到护送她的船。时间在嘀嗒声中一点一点地过去，千千万万的人在电视上看着她。在游的过程中，有好几次鲨鱼靠近她了，都被细心的人开枪吓跑了。

一个小时、两个小时，游了大约 15 个小时之后，她又累又饿，还冻得四肢发麻。她告诉自己不能再游了，真的不能再游了，就叫人把自己拉上了护送船只。她的母亲和教练在另一条船上，他们都拼命地告诉她海岸很近了，叫她千万不要放弃，稍微坚持一下就到了。因为雾太大，她努力试着朝加州海岸的方向望去，可是除了浓雾外什么也看不到，哪怕是对岸的一点儿模糊的影子……而人们拉她上护送船的地点离加州海岸只有半英里不到了。很久以后，有一位记者就这件事情再次采访她时，她说令她半途而废的不是疲劳，也不是寒冷，而是因为她在浓雾中看不到目标。

案例简析：

这个故事很短，讲的是目标要看得见、够得着才是有效的目标，实施起来才会更有动力，才能获得自己想要的结果。在这里要特别提醒，作为目标任务的管理者在制定目标任务时，常常会犯一个错误，那就是认为要给予下属压力，目标定得越高越好，即便员工只完成 80%，也能超出预期的目标任务。实际上，在 TPS 系统商战中，这种做法和思想是错误的，持有这种思想的管理者，没有切实可行的方法，过分依赖传统目标控制，认为只要目标制定好了，组织成员就会去自动努力去完成。

在现实中，实际上制定目标只是工作预期的一种规划，目标是要一点一点来实现的，因此，在制定目标时要明确做什么、怎么做、如何做。管理者与其制定一个高目标给员工压力，还不如制定一个切实可行的目标，并激励员工制定一步步的行动计划，共同探讨攻克障碍并排除困难，真正帮助员工形成原动力。另外，目标只是团队及成员向往的荣誉，但绝不是唯一的激励手段，目标任务只有与激励机制相当或者相匹配时，才会形成更有效的动力机制。所以，除了关注目标之外，管理者还要关注配套的激励措施，提前预防可能干扰实现目标的自然因素。

我们必须要记住，合适的目标是员工可以跳一跳或者踮一下脚就能够得着的，定得太高、太低都不合适。只有当员工经过一定努力之后方可达成目标时，目标才会对员工有吸引力，否则，即便你给予再多的诱惑，员工因为目标恐惧症宁可不做，也不愿意花费很大力气完成。

故事二：马拉松

这里讲的是日本著名的马拉松运动员山田本一的故事，他曾在1984年和1987年的国际马拉松比赛中，连续两次夺得世界冠军。后来有记者采访问他，凭借什么技巧才能取得如此惊人的成绩。山田本一回答“凭智慧战胜对手”。

大家不用思考都知道，像马拉松这种长距离比赛主要是靠运动员体力和耐力，至于爆发力、速度和技巧都是其次。因此，对山田本一的这个回答，很多人都觉得他在故弄玄虚，直到10年后，这个谜底才被揭开。原来山田本一自传中这样写道：“我之所以能连续两次获得冠军，只是比别人多用了一点点智慧。在每次比赛之前，我都要乘车仔细查看比赛路段情况，把比赛的路线都熟悉一遍，并把沿途比较醒目的标志物用笔画下来，比如，第一个标志物是建筑物、第二个标志是一个山头上的大树、第三个标志是一座高楼、第四个标志物是一个水坑……这样从赛道的起点一直记录到赛程的结束点。

“到了比赛的那一天，当比赛开始后，我就以百米的速度奋力向第一个目标冲去，到达第一个目标后，我又以同样的速度向第二个目标冲去，直到赛程的终点。就这样，40多公里的赛程被我分解成若干个小目标，战胜第一个目标再战胜第二个目标，跑起来就轻松多了，这就是我连续两次拿到冠军的秘密。在此之前，我参加比赛时，会把目标定在终点线的旗帜上，结果当我跑到十几公里时就疲惫不堪、全身无力，因为我已经被前面那段遥远的赛程给吓倒了。”

案例解析：

一个大目标需要分解成一个个小目标，这样能快速达到目标。在制定目标时，除了一定要有最终目标外，比如，成为世界冠军，更要有明确的绩效分解目标，比如，在某个时间段内成绩提高多少、需要完成多少步规范动作，不断挑战自己，才有可能成为世界冠军。因此，作为引领方向的目标，就像夜船航行时的灯塔，指引你努力前行。而细分的绩效目标，又是一个一个具体的、有明确衡量标准的小个体目标，再努力时就胸中有数了。

某公司事业部制定了在2017年一季度要把销售成绩绝对值同比提高900万元，这是一个总规划目标。这个绩效目标还可以进一步细化分解，比如，在第1个月内把销售额绝对值提高450万元，第2个月把销售额绝对值提高到780万元，第3个月把销售额绝对值提高到900万元，这样就更加明确了。

在TPS系统商战活动中，当目标被清晰地分解出来时，目标的激励作用就会跟着显现出来。当轻而易举地实现了一个小目标或者战胜一个小困难时，我们就能及时地得到一个正面激励，推动并激发出潜在动力，使“战斗”热情立马高涨，这对于培养每一位团队成员有信心挑战目标的作用是巨大的。

三、目标制定的两个有效方法

企业的目标管理规划，无论是年度目标、季度目标还是月度目标，最有效的两种方法：一是自上而下；二是自下而上。目前大多数组织部门在制定目标时基本上围绕着职责目标进行规划，而很少站在做企业的高度上对其他目标进行规划，或者有规划也是考虑不全面，常常忽略企业整体目标。由于规划不全面，上下对接“缝隙”多，结果每年的部门目标与企业目标相差极大，初创经销商和中小企业的目标尤其如此。

四、TPS系统的四大关键职责目标

在准备开展TPS系统活动时，无论是企业的整体目标还是独立部门目标，抑或是团队目标，不分目标大小和目标周期的长短，在制定职责目标时，都必须考虑四大目标，即客户目标、队员目标、产品目标和财

务目标。

（一）客户目标

TPS 系统商战对客户目标的认知有两个方向：一是客户数量；二是客户基本职责任务。在所有行业中，拥有客户数量多少是公司赖以发展壮大的基础指标之一，也是企业生存的基础。在这里需要补充的是，制定客户目标时应该包含新客户开发计划、客户流失率、客户满意度、客户投诉率及客户贡献率等内容。

（二）队员目标

组织成员的目标是根据企业发展战略规划及部门职责规划执行的目标而设计，需要由各部门与岗位来决定，这是 TPS 系统商战必须要考虑的，包含新员工增加规划、核心员工培养、员工满意度、员工成长、员工使用成本和员工贡献率等内容。

（三）产品目标

产品目标是指企业发展规划到一定时间内的产品战略定位。产品目标在后面的章节中再详细诠释，而且还增加几个新的产品名词，比如，梯队产品和矛盾产品，这里就不再重复了。需要补充的是，在 TPS 系统商战活动时，作为产品目标管理的基本内容，应该包括创新产品研发目标、攻防产品开发目标、核心产品毛利、核心产品销售额、核心产品市场占有率、核心产品增长率等内容的细化分解，以及每一个目标控制的具体量化。

（四）财务目标

在 TPS 系统商战时，必须要清晰财务目标，这是在制定每一个目标时必须要考虑的，这几乎是所有企业都在做的目标。财务目标规划以年度目标居多，也有些企业会根据年度目标的规划再分解成季度目标、月度目标、周目标和单日目标。一个完整的财务目标是为了保证规划目标的有效性和执行目标后产生的效益，至少应包含销售额、成本、回款额、费用、毛利率、净利润、待收账款及成品、半成品库存等各项具体数字指标。

五、系统目标落地必须明确三大办法

要让目标结果有意义，对目标落地管理要具体执行，概括起来有以下三大方法。

（一）目标落地的两种方法

前面已经提到了，目标管理和实施落地有两种最有效的方法：一是自上而下的；二是自下而上的。前者是指公司核心高层根据公司所拥有的资源，结合公司在行业中的竞争地位及发展战略制定公司的各项目标，并把目标由上而下进行分解执行；后者是指企业基层成员根据对市场实情和目标客户的真实把握，提出各自可行的目标规划，再由上级部门进行汇总报告给核心高层的目标管理办法。

（二）目标落地的两条主线

目标管理中有两条主线：一条主线是企业“一把手”必须高度重视，不仅要亲自参与目标的制定，更要亲自抓目标的落实，这样有利于目标的实现；另一条主线是紧紧围绕客户需求、消费者需求及市场变化，最终决定企业目标的实现。这两条主线事关企业发展战略的核心命脉，后一条主线比前一条主线重要，绝不能忽视。

（三）目标制定重依据

在整个营销活动过程中，我想大家都不喜欢太多的理论（其实了解理论也是有必要的），都希望看到具体的数字。因此，企业在制定目标时，一定要做好各种数据分析、各种表格展示，包括企业内部数据、行业中的数据、互联网时代归纳出来的趋势资料统计，甚至是竞争对手的各种数据，在分析数据的基础上做好目标规划管理。

第五章

Chapter 5

确定策略

第一节 营销策略案例

在TPS系统活动中，每一个营销策略都是为了整个系统活动的战略服务。每一个具体的策略，都是在对目标环境和目标产品进行全面分析，以及确定目标团队和目标任务后，在市场营销战略框架下如何应用TPS系统实施打造标杆市场技战术的具体应用，是能否打造出可复制标杆市场的关键环节。所有营销活动都必须围绕战略进行，战略是大而全的方向，为市场营销定战略是为了长远目标打算，相对来说策略是短期的更为具体，而战术则是为了采取必要行动更好地实施战略。

营销策略既可以是战略裂变的一个点也可以是战术，因此，它既有战术的一面，也有战略的一面。前面的市场环境分析和产品分析都是为确定营销策略打基础，确定队伍和确定任务都是为了确保战略的实施，体现出了营销战略的一面，就是你要达成的目标是什么、任务是什么。

技战术就是在什么时间段需要采取什么样的具体措施，从而实现企业的战略目标。如果你现在的战略是吸引富人来消费你的产品，消费一件产品就是上千、上万元。那么采取什么策略呢？可以选择那些富人经常去的高档饭店、高档酒店及参加的顶级俱乐部，还有一些商务场所的高档展厅、名贵金银饰品珠宝店等，只有在这些场所你才能找到想要的客户。这个例子给出的目标战略就是你要找到高档客户，技战术策略就是你要到哪里找到这些有钱人，采取什么方式方法让他们来消费。在现实生活中，战略给出的只是一个长期的方向，是一个连续不断的活动，而技战术更多是实际性的，可操作实现的，通过周期阶段的技战术来达成企业的战略目标。

前面已经讲过，在 TPS 系统商战中，T 代表目标市场、P 代表目标产品、S 代表目标策略，是实现活动任务的具体细节展示。任何营销活动的开展都是这三个要素：目标市场、目标产品和目标任务，三者相互交织、相互影响。在前面还讲到营销战略，比如，你开展的活动或者说付出的行为结果，会带来比较大的影响。能长期形成影响的就是战略，具体到实现战略的技战术时，更多的是一些短期的活动行为，体现出来的就是细小的具体策略，在 TPS 系统商战中就是战略和战术的区别。

TPS 系统活动纪实

2002 年瓦达公司（知名品牌化名）发现卡堂公司（知名品牌化名）两年前推出的一款产品市场表现活跃，销售额以每年 30% 以上的速度递增，而且根据瓦达公司的判断，未来这款产品将是解渴的主流产品，也将是饮品中消费者首选的产品。于是瓦达公司模仿卡堂公司开发了一款同类新产品，这款产品除了双方的品牌和瓶型不同外，水源地不一样，容量、内容物、配方基本上相同。

瓦达公司为了抢夺卡堂公司的市场份额，2003 年 5—8 月在 × 市场对卡堂公司的产品发起市场营销攻势，借助卡堂公司前期的广告传播和消费者对产品类的认知度，瓦达公司决心后来者居上。为此专门制定了非常周密的营销策略，一场专门针对卡堂公司 × 市场的销售份额抢夺战从 5 月初正式打响，唯一不同的，这是一场真正的斗智斗勇的营销策略技术攻守战。

策略一：平价追随，放血造肉。

瓦达公司的新产品在×市场开始铺市时，不是低价也不是高价，而是直接紧随卡堂公司，包括零售价、终端价、批发价和出厂价。但是瓦达公司针对终端的接货价及批发商的接货价，采取赠送精美日常家庭用品，比如，米、面、粮油，接货5件、10件、50件、100件分别赠送不同的日常用礼品，折算下来终端每卖出1瓶及批发商每卖出1件货的利润要高出卡堂公司产品很多，这就激起批发商终端商积极接货和卖货的兴趣。这次铺市活动在×市场及下辖6个县级市场同时开展，5月1日—4日为期4天，一共铺货32186件，首战告捷。

策略二：声东击西，扰乱“军心”。

就在瓦达公司为终端铺货活动首战顺利结束庆祝时，卡堂公司的业务主管却坐不住了。卡堂公司的业务主管坐不住是因为瓦达公司的铺货活动吗？如果你这样想就错了。按照TPS系统商战策略，不是因为瓦达公司活动的事情，而是卡堂公司的主管一来发现终端订单突然出现断崖式下滑；二是不断接到终端业务员和客户业务员反映，说很多终端门店存货量不多或者没有了，但是老板说有人在便宜配送卡堂公司的货，也不告诉是谁在这么做，这到底是怎么回事呢？这事只有瓦达公司×市场的业务员最清楚，他们声东击西，故意扰乱卡堂公司业务的“军心”。

策略三：技高一筹，魔高一丈。

瓦达公司发动第二波买断活动，目标数量1000家，其中流通渠道终端门店400家、小区超市200家、校园超市120家、网吧30家、公园超市50家、车站门店100家、集中两个县城餐饮买断100家，为瓦达公司新产品的销售营造良好的氛围。

得知瓦达公司在进行终端门店买断时，卡堂公司主管及业务员们紧急召开会议，决定向瓦达公司的终端买断活动发起反击。一方面迅速增派业务员，只要是瓦达公司有买断陈列的终端门店，也紧随着进行买断陈列活动；另一方面却在悄悄布局消费者拦截活动，主要集中在车站、校园、公园、小区和网吧，只要是有主流消费者经过的地方，一到周末就布置导购员在店面做买赠活动，只要购买卡堂公司的产品就可参加抽奖或者领取如纸巾之类的小礼品，对消费者进行直接拦截。尽管瓦达公司率先进行终端买断，但是真正的黄金消费时段和黄金时段的消费人群却被卡堂公司截走了，这一次使得瓦达公司的主管和业务员们始料未及，良好的销售氛围被卡堂公司的这一招打败了。

策略四：集标兑奖，终端拦截一触即发。

时间很快就到了6月初，卡堂公司每个周末的导购促销活动还在进行，消费者拦截的效果非常好。瓦达公司的业务员看在眼里，急在心里，同时也在悄悄地准备一场大规模的消费者拦截活动——集瓶标兑奖，即消费者凭3张瓦达公司完整、干净的新产品瓶标兑换同规格产品1瓶，从6月5日起在任何一家指定的终端门店都可以兑换，以此对卡堂公司满大街的消费者拦截活动进行反击。在6月1日这一天，瓦达公司×市场的所有业务员就做一件事情，在该市场终端门店上张贴集标兑奖活动海报，悬挂兑奖活动指示牌，在小区和主要路口派发集标兑奖促销活动宣传单页。同时，瓦达公司在×市场重点区域重点路段，如车站、公园等还投放了100台冰柜。由此可见，瓦达公司这次的费用投入之大，以及对终端消费者拦截的渗透力之猛，据说这次瓦达公司在×市场仅派发出去的活动单页就有5万张。

策略五：正面交锋，创新制胜。

时间到了6月中下旬，卡堂公司和瓦达公司在×市场中有点剑拔弩张的味道，但是每一次的胜利或者说占主导的都是要么在时间上领先，要么在活动上稍微有一点新意，市场容量的增加和营销手段的更新往往都是在竞争中推进。卡堂公司在积极应对瓦达公司促销活动的同时，也在开展深耕市场和扩大容量的促销活动。卡堂公司计划在6月26日下午集中召开订货会，专门针对二级批发商和三级批发商，产品套餐促销力度还不小，礼品有太阳伞、热水壶、电动三轮车等，而且这些促销品都是针对×市场定制的，目的是激发二级批发商和三级批发商的潜在能力，迅速把卡堂公司的产品推送到终端门店。

尽管这个信息封锁很严，但在25日中午还是被瓦达公司的业务员捕捉到并反映给了主管，主管紧急召开业务电话会议。经过商议后，当天决定也在26日召开订货会，卡堂公司是下午召开，瓦达公司决定在上午召开，时间抢在卡堂公司的前面，召开对象是大终端和小三级批发商。地级市各县分别由驻地业务主管各自组织召开，当天晚上确定会议场所，并要求业务员和经销商务必连夜通知到各自的大终端商和三级批发商。

订货会结果有喜有忧，卡堂公司当天订货金额是1975万元，而瓦达公司的订货金额达到了3713万元。订货会结束后，按照瓦达公司区域主管的说法，这次订货会在这么仓促的情况下召开，取得这么好的效果：一是在时间上占了优势；二是就地召开给老板们节省了时间；三是大终端和小三级批发商基本上是第一次有机会参加厂家订货会；四是前期市场基础工作比较扎实，而且每次促销活动都比竞争对手好一点。

策略六：抢占先机，市场井喷。

瓦达公司在×市场精心的铺市工作、促销工作、价差管理、售卖氛围营造、管道网络优化、消费者拉动等，都是为了夯实瓦达公司新产品在×市场的售卖基础，都是在为产品旺季到来做准备。那么，进入7月，饮品售卖旺季真正到来了，瓦达公司又会使出什么样的技战术，卡堂公司又该怎么应对呢？

就在6月26日开订货会时，瓦达公司就放出信号说在7月初产品要涨价。当时瓦达公司产品针对三级批发商和大终端给予的套餐优惠活动的时间是6月26日晚24：00之前，时间一到活动立马停止，据说有些客户侥幸等6月27日订货，希望还能享受到优惠。但活动已经结束。因侥幸没有参与订货的客户后悔没抢到货，听说还要涨价，也只好赶紧高价拿货。

瓦达公司业务员按照区域主管预先制定的策略，乘胜追击，“连拍三板斧”，根本不给卡堂公司机会。一是专门针对零售小终端做零瓶陈列奖励活动，两个单品要求在门店前端位置最前面排放8瓶，即8个排面，一月3次不定期检查合格的，就给予相应的促销奖励。二是组织一级批发商、大二级批发商召开旺季订货会，不过这次会议是以业务拉单订货，款到公司账上为准。三是在车站、商业区、公园附近等人流量特别大的场所，而且是有卡堂公司导购员促销的地方，展开随机开冰柜给予同等产品大赠送活动。终端零售店老板突然收到这样的礼品，感觉就像天上“掉馅饼”，兴奋得跳起来。这一招给卡堂公司致命一击，这个活动信息就像流行“病毒”，很快传播开来，冰摊冰柜的老板们都疯狂地冰冻瓦达公司的产品，等待好运降临。

当然，要特别注意的是，开冰柜随机奖励活动费用很大，只能是片区性择店、有针对性开展，这样效果才会更好，才能引起终端店老板们对该产品的高度重视。

在这个案例中，由于营销策略技战术的连贯性，无论在销售氛围、产品展示形象上，以及产品动销和销售额方面，都没有给卡堂公司留下任何机会，瓦达公司新产品在×市场很快就占领了优势地位。到了7月，×市场一举成为瓦达公司的标杆区域（这里推荐《娃哈哈区域标杆》，大家细细品读里面的内容，值得营销人借鉴），月销量达到了68万箱产品，其中一个县城的经销商最高峰值一天出货就达7800件。

上述这个区域销售实战案例中包含了营销战略和营销策略，即技战术方面的内容。在这里再次归纳汇编一下，TPS系统商战营销策略到底是什么，按步执行为什么会有如此好的效果，为了让读者朋友更加深入地了解，我换一个角度来复述。

TPS系统行销策略其目的是培养消费者心智，分流竞争对手的消费者成为自己的顾客，并从长远的预测来考虑如何应用短期的策略，有效地战胜竞争对手，快速开拓出自己的市场，并立于不败之地。

活动过程中注重市场的基础调研，其实就是做好两个分析，即目标市场和目标产品分析，收集并统计对比大量的市场信息，找到对自己有利的市场拓展机会。只有这样才能应对不同环境和市场的变化，并做出正确快速的判断，积极推行新的落地试错策略，对比新旧经验成果，看其变革程度与效果是否成正比，在试错实践中纠正、纠偏一步一步前行。因此，要在变化中快速决策，决策者要有很强的预判能力，特别是操作一线市场的区域主管，对价格策略、产品策略、管道策略、促销策略和品牌传播策略等要有洞察力、识别力和决断力。

第二节　营销策略的原则

一、TPS 系统策略让营销发展的套路回归

21 世纪初，由于科学技术高速发展，加快了信息流通，消费方式也发生了变化，现代市场行情变得错综复杂，竞争异常激烈。任何企业要想成功进入、占领、巩固和扩展市场，没有科学而正确的营销策略很难，于是各种营销策略和套路应运而生。比如，由美国学者杰罗姆·麦卡锡提出的 4Ps 营销理论，长期以来被营销理论界广为接受。在当时看来，4PS 营销策略能从复杂的营销变量中找到最重要的影响因素，并从单纯的因素上升为一组策略因素，从而更好地适应日趋复杂的营销环境，为企业创造更多的经济效益。

随着营销理论的发展，出现了 6PS、10PS、11PS 策略，这些都是营销策略的扩展，其核心还是 4PS 营销理论。再后来又出现 4CS 营销理论和 4RS 营销理论，到了 20 世纪 90 年代末，又提出了新的 4VS 营销策略，旨在培养和构建企业核心竞争能力的具体途径，成为现代企业市场营销的新着眼点。

无论营销理论怎么发展、怎么演变，我认为概括为 TPS 系统策略更符合现代企业发展和市场营销的需要，终归就是如何把市场、产品和技战术交叉灵活运用，为企业扩大规模和增加经济效用。但是需要注意，把 TPS 系统用到市场营销上，要比其他理论更全面。比如，4PS 营销理论，强调产品、价格、分销和促销，缺少了一个鲜活的环境，TPS 系统强调环境、产品和策略 3 个要素。我在前面提到过关于营销的最基本解释，营销就是通过某种方式把信息传达到目的地，能从营销的解释中看到目的地，说的就是市场环境。因此，缺少了环境的营销就缺少了灵魂的寄托处，没有战略目的的营销都是不完美的。

二、TPS系统策略确定过程中不能缺的理念

（一）学识营销策略

学识营销等同知识营销，是指通过引导宣传，向大众传播新的科学技术能给人们生活带来的好处，让消费者不仅知其然，还知其所以然，重新建立对新事物的接受理念，进而使消费者萌发对新事物的需要，达到拓宽市场的目的。

（二）互联营销策略

利用移动互联网络进行的营销活动，在当下网络发达，世界信息传播速度快，信息网络技术被广泛运用于生产经营和生活的各个领域中，尤其是营销环节，形成网络营销、付费环节，创造出了网络支付。智能机器创造了无人值守，无界新营销发展将会更猛，全新的更多需求也将呼之欲出。

（三）健康营销策略

所有企业在整个营销过程中，在当下和未来都要充分体现出环保意识和健康意识，要做良心营销，向消费者提供科学的、原生态的、无污染的、有利于节约资源和符合良好社会道德准则的商品和服务，并采用无污染或少污染的生产和快捷销售方式，引导并满足消费者对身心健康的需求。

（四）碎片营销策略

由于市场倒逼，传播形式发生一对多、一对一、一对每时、多对一和多对每时的变化，于是当下企业把对人的关注、个性释放及个性需求的满足推到一个空前中心的地位，掀起了一场碎片化营销讨论。企业与市场逐步建立起一种新型关系，个人消费数据库和信息档案也随之建立。及时地了解市场动向和顾客需求，向顾客提供个人化的销售和服务，可以根据自己需求对企业提出商品性能要求，企业尽可能按你的要求进行生产。小米手机就抓住了这个契机，迎合消费者个别需求及品位，并应用信息采用灵活战略，适时地加以调整，以生产者与消费者之间的协调合作来提高竞争力，以多品种、小批量混合生产取代过去的大

批量生产，在市场上形成产品消费和信息全面碎片化。

（五）试错营销策略

试错并不是错，而是通过试错选择试对，试错永远是企业创新和增强活力的源泉，是企业从成功走向更加成功的关键，可悲的是部分人还在用多年固有的眼光去看待问题。企业经营的最佳策略就是抢在别人之前研发出新产品、淘汰老产品并优于竞争对手，这种是把试错创新理论运用到市场营销中的新做法，包括营销观念的创新、营销产品的创新、营销组织的创新、传播形式的创新和营销技术的创新。

（六）整合营销策略

就像共享营销和分享营销，整合营销理论就是整合资源。这个理论起步于20世纪90年代，倡导者是美国的唐·舒尔茨教授。这种理论是制造商和经销商营销思想上的整合，两者共同面向市场，协调使用各种不同的传播手段，充分利用相互之间的兼容性，发挥不同传播工具的优势，联合向消费者开展营销活动，寻找调动消费者购买积极性的因素及因子，达到刺激消费者购买的目的。

三、TPS系统策略遵守的原则

管理学者史光起说过："规则是一种方法、是一种制度、一种秩序、一种文化，但规则又不仅仅于此，因为，规则不仅仅是一种'术'，更是一种'道'。世间万物都因规则而生——日月分昼夜更替，四季以冷暖轮回。自然、社会、市场、企业，甚至一个家庭，都是建立在一套规则之上的，不好的规则可能致其国破家亡，一个好的规则使之昌盛富足。对于今天的企业来说，一个好的规则可以让你的营销活动变得轻松高效，让你们在消费者面前充满魅力。如果能把规则上升到战略的高度，规则对企业来讲就是一种强大的竞争力！"再回到前面的营销实战案例中，TPS系统商战同样需要遵守以下原则。

（一）诚信原则

在我国传统的经商活动中，诚实守信是最基本的道德要求，也是最基础部分，是企业经商的品德标准。诚实守信在当下仍是企业市场营销活动中重要的基础道德规则，包括产品质量上的诚实，不假冒；广告中要诚实相告；价格上明码实价，童叟无欺；交易中履行合同责任，信守承诺；市场调查发布资料真实、不夸大等，唯有诚信才能赢得忠诚顾客。

（二）义利原则

任何一项活动都是与道义和功利相融合的，其思想里要有处理好利己和利他关系的基本原则。企业经营必须考虑获利，还要考虑是否符合消费者的利益，是否符合社会整体和长远的利益。利是目标，义是要遵守达到这一目标的合理规则，偶尔也是相互兼容的。

（三）惠利原则

互惠互利的原则要求企业在市场营销行为中正确地分析、评价自身的利益，同时也要评价利益相关者的利益。由于不能得到对方的响应，很多时候是无法进行下去的。只对他人有利对自己无利，这样的经济活动没有实施意义。获利是企业应当获取的行为，只要不损害他人的利益，有效的经济活动本身就具有伦理性，只有企业繁荣才能生产出有意义的产品，创造更多的就业机会和经济收益机会来惠及别人和社会。

（四）和谐原则

在市场营销活动中，大多数情况下都需要运用理性的方法，运用知识科学分析市场环境，做到准确预测未来市场发展变化，至少是短期内，不能好大喜功，盲目追求市场占有率、铺市率，而损失利润。很多产品在上市时因没有分析产品、环境，一入市就是扫街、拜访、铺货，忽略了消费购买力是否与产品价格对等，造成大批量产品滞销，付出高昂的代价，最终只能自食其果。和谐就是提倡企业的市场营销活动，应保持在适度竞争的水平上，而不是过度竞争，导致资源浪费、两败俱伤。市场营销中的和谐就是正确处理企业与市场各相关利益者的关系，以和睦相处为基本原则，创造出天时、地利、人和的销售活动氛围。

（五）防御原则

防御原则是营销竞争中的基本武器，可以有效保护企业的市场份额。一般情况下，企业在市场上处于领导地位时，就需要考虑防御，牢牢守住来之不易的地盘。

（六）正面进攻原则

一个企业可以通过进攻来改变自己，还可以通过竞争来恢复阵地，但是一定要在进攻者立足未稳之前，迅速展开活动。如果你的公司足够强大，你应该发动一场进攻战；如果你向领导企业的强项发起挑战，可能永远也赢不了。尽可能地在局部的战线上发起攻击，最可取的是在某单品上发起进攻。

（七）侧翼进攻原则

侧翼进攻就是不正面冲突，而是从侧面或者某个薄弱区进行攻击，实质上，侧翼战是一场奇袭战，突袭性越大，行业领导反击和收复失地所需要的时间就越长，如无人之境，所向披靡。一场漂亮的侧翼战与正面进攻同等重要。

第六章

Chapter 6

打造标杆产品

第一节　创新产品管理策略

一、注重市场需求和企业技术平衡

产品创新就是要对自己的产品进行创新或者产品研发创新，这些都是企业竞争的核心。创新产品，一方面源于市场需求；另一方面源于市场对企业的产品技术需求，也就是技术创新活动以市场需求为出发点，明确产品技术的研究方向和开发方向，通过自身技术或者借助外部技术实行符合需求的创新活动，创造出适合这一需求的适销产品，不断完善产品功能或者需求服务，更好地满足市场需求。

实际上，产品创新总是在技术或者需求之间做决策。根据行业趋势和企业的核心，将市场需求和本企业的技术能力相匹配，找到风险最低、收益最高的最佳结合点，这是企业存活下来的根本，也是企业做强做大的方向。产品创新的真正动力，从根本上说是技术推进和需求拉动共同作用的结果。

二、新产品的 6 种不同占比

（一）全新的产品市场占比

维生素饮料脉动、功能饮料红牛等，这种产品以前没有出现过，这类新产品是其同类产品的第一款（至少在中国是这种情况），并创造了全新的市场，此类产品占新产品的 10%。

（二）新产品线市场占比

今麦郎茶饮料、娃哈哈茶饮料等，这些产品对市场来说并不新鲜，但对于厂家来说是新鲜的，约有 20% 的新产品归于此类。

（三）对已有产品品种补充占比

山楂饮品消时乐在推出瓶装后继续推出罐装、盒装，贵州马大姐西红柿油辣椒、鸡丁油辣椒、鸡枞油辣椒等，这些新产品属于工厂已有的产品系列的一部分，对企业或者市场来说，它们是新产品。此类产品是新产品类型中较多的一类，约占所推出新产品的 26%。

（四）对老产品改进占比

娃哈哈幸福牵线、蒙牛特仑苏、统一果蔬汁、农夫鲜橙 C 等这些不怎么新的产品，从本质上说是对工厂老产品品种的替代。它们比老产品在性能上有所改进，提供更多的内在价值，该类新改进的产品占推出新产品的 26%。

（五）重新定位产品占比

长江线以南售卖的承德红罐装杏仁露等，适用于老产品在新领域的应用，包括重新定位于一个新市场，或应用于一个不同的领域，此类产品占新产品的 7%。

（六）降低成本产品占比

娃哈哈十二生肖瓶标水、中沃功能饮料球形黑瓶体质能量等，将这些产品称作新产品有点勉强，它们被设计出来替代老产品或者填补市场，在性能和效用上没有改变，只是成本降低了，此类产品占新产品的 11%。

三、产品创新管理的四种方式

整体而言，产品创新或者创新产品作为一种最基本的企业行为，从试错到试对，从构想到产品落地，在营销活动中具体的表现形式是多种多样的，涉及企业活动的所有方面。根据需求的不同，可以总结为最简单、最直接的四种创新方式，分别是产品创新、工艺创新、市场创新和管理创新。

（一）产品创新

统一的海之言、旭日升茶等，这类改善或创造产品，进一步满足顾客需求或开辟新的市场。

（二）工艺创新

九阳豆浆机、智慧电饭锅等，都是改善或变革产品的生产技术及流程，包括新工艺和新设备的变革。

（三）市场创新

双十一、双十二等，改善或创造与顾客交流和沟通的方式，创造风口，把握顾客的需求、销售产品。

（四）管理创新

智能无人值守超市，以及本书提到的娃哈哈二套网络、小米手机模式等，改善或创造更好的组织环境和制度，使企业的各项活动更有效率。

第二节　产品开发的目的

一、让企业拥有大“杀器”

企业要在市场中立于不败之地，必须给你的产品赋予鲜活的色彩、包装、设计、颜色、款式、商标等符号，促使消费者对品牌产品留下深刻记忆，从行业和品类中区隔出来，才有可能成为“杀器”。对于企业自身来说，开发新产品能增强企业的活跃度，能给企业带来更多的成长机会。开发新产品也有风险，除了市场拓展是否成功的风险外，更重要的是对自身老产品会不会带来致命打击。因此，策略性开发新产品必须要明确三个目的：一是开拓一块新业务领域；二是弥补老产品退化导致的销售额下滑；三是伺机创造领先品类占据行业标杆。

研发新产品拓展新领域，比如，茶饮料，刚开始只有红茶、绿茶，随后为了扩大市场份额，逐渐开发出茉莉茶、菊花茶、金银花茶、西瓜茶等多口味品种，挤占更多的市场空间。产品已是老产品，只是局限在某个区域销售，通过市场调研分析后，把老产品当作新产品对待，在新的区域进行全新的营销活动运作市场，包括管道开发和促销手段都是新的。

因老品退化导致的销售额下滑，常规也用研发各种新产品策略来弥补，比如，银鹭八宝粥、汇源果汁等企业在原有老产品基础上增加口味、容量规格，更新包装，开发替代品等，还有改变外在包装，如增加礼盒装。这些都是市场机会，都是企业发展的商机，也是企业增加经济效益的办法。

二、老品新做重振市场

任何新产品都有启动风险，都有成长周期。有些新产品，无论多么有特质，但是在投入市场后，由于出现对市场环境和竞品的误判，导致新产品不温不火，甚至短暂“夭折”。或者经历过成长周期的几个阶段后，因市场变化后产品自身升级不及时，导致产品淡出市场。

可是在经历很长一段时间后，这种产品因为以前沉淀的市场基因而重生，企业发现还有市场机会，又重新对该产品进行策划运营。

这里有一个比较典型的案例就是娃哈哈AD钙奶，1999年前后可以说是行业中的翘楚，从2002年起，因受到行业竞品的冲击，其市场表现一直不佳，尽管市场上还有客户在卖，但是销量远不如从前了。直到2009年AD钙奶市场表现又开始明显回升，年贡献额达到30亿元。

2014 年娃哈哈重新启动市场促销活动，针对 AD 钙奶，娃哈哈公司推出旗下经典产品 AD 钙奶的全新包装——时尚亮眼的橙色与经典绿色相搭配的瓶身包装，产品 LOGO 下面也增加了红领巾设计，330ml 中瓶装规格，终端指导价为每瓶 3 元。

同时，促销活动也做了更新，特别是在全国高校举办了校园营销大赛。娃哈哈公司此举很快引发了不少“80 后”消费者的怀旧情怀，产品受到热捧。在娃哈哈公司推出的全新包装上，“总有一种味道让你找回曾经的自己”的广告词颇为显眼。这些创意都是娃哈哈公司在操作市场时跟踪调研发现的，随着“80 后”“90 后”逐渐成为市场消费主体，“怀旧”俨然形成赚钱经济。

根据市场调研结果，娃哈哈 AD 钙奶此次顺应热点全新出击，再战液态奶饮料市场，重振单品霸主的地位，市场前景很好。在促销活动上，青春派偶像张睿和你一起找回童年的记忆，对产品外在主色调也做了更新，更加贴近“80 后”“90 后”，只要拿起娃哈哈 AD 钙奶，就有一种亲近感。有记者问张睿：“小时候最爱喝娃哈哈 AD 钙奶吗?”张睿说：“娃哈哈 AD 钙奶应该说是‘80 后’心中的经典品牌，几乎身边的朋友都喝过，我也爱喝。小时候，如果我闹情绪、不听话了，爸爸、妈妈就会买娃哈哈 AD 钙奶给我安抚情绪。”张睿还告诉记者，他之所以为娃哈哈 AD 钙奶代言，就是因为娃哈哈果奶、AD 钙奶伴随他度过了难忘的童年。

这个活动也在各大校园和商业中心广场开展，对每个人来说，关于童年的回忆总是美好的，而对于不少“80 后”来说，“甜甜的，酸酸的，有营养，味道好”的娃哈哈 AD 钙奶广告的歌词早已深植心中。娃哈哈公司老品新做，也堪称娃哈哈公司的经典。由于有良好的市场沉淀基础和大家对娃哈哈 AD 钙奶的认知基础，整个活动非常成功，市场表现也很好。

三、阻击竞品创造企业生存机会

对老产品调研分析，有针对性、策略性开发新产品，目的就是要对竞品采取阻击行动。一种是表面上的阻击；另一种是绕道潜在阻击，即不正面交锋，不让竞品继续扩大市场份额或者夺走自己的市场份额，给自己企业的营销活动赢取更多的时间和空间，延长自身企业生命周期和创造更多的生存机会。

以方便面为例，这个行业在2007年普遍涨过一次价，2011年中高端的产品又涨过一次价，2015年这个行业在康师傅引爆下再次普遍涨价，但是康师傅的涨价活动并不顺利，很快又回落了，整个行业都没有达到涨价目的，反而导致零售价格来回波动而痛失市场。特别是统一企业推出的满汉宴，在线上测试没多久就退出了，为什么要推出这款新产品？其目的是什么？外界再多的解读都不如统一自己清楚。2017年，康师傅等部分企业对部分产品又开始潜在涨价，把原来的克重减少了，但是价格不变，也就是变相减肥涨价，目的是阻击竞品和相关行业产品。

对竞品市场的阻击策略有很多种，比如，裁掉畅销无利润产品，转做区隔产品或者高毛利新产品（未来经销商要敢于卖高毛利产品，而且要研究怎么卖高毛利产品）。2016年，某方便食品企业在营销上就采取了这种战术打法，在8月这样的淡季还能做到同期增长30多个点实属不易。在对市场竞品和自身产品进行充分调研后，裁掉了畅销但没有利润的产品，集中精力打造标杆产品，这样就不需要再与竞品对抗了，这就是“不参与竞争的竞争”，从而节省了费用资源和腾出了更多的思考时间，转而做强项产品。结果形成相对于竞品没有的产品：一是不会引起竞争对手的注意；二是不会因互相干涉而打价格战；三是有更多的精力和时间做自身最有优势的产品，节省了大量成本，还增加了企业收益，同时对竞品进行了有效的潜在阻击。

企业研发出独特的创新型产品，在市场营销活动中作为企业核心“绝杀性武器”。比如，华为手机，总是在对标苹果手机和三星手机，每次新产品一问市就引起消费者尖叫。产品创新一般有两种形式：一是全新产品创新；二是改进产品创新。全新产品创新是指产品用途及其原理有显著的变化，经历从思想、构思、研发、生产、需求到投放试用，研发技术要求相对较高，投入成本也相对要高。改进产品创新是指在技术原理没有重大变化的情况下，基于市场需要对现有产品所做的功能上的扩展和技术上的改进，属于需求拉引，即从市场需求、构思、开发、生产到投放，开发技术相对较低，投入消耗的成本相对较低。

第七章

Chapter 7

市场营销活动的运作

第一节　七大市场营销策略

企业要想在当前日趋激烈的市场竞争中立于不败之地，TPS 系统活动有七大市场营销策略，都是对其目标市场所有营销活动的营销策略进行实践验证后做出的科学选择，只要灵活运用这些策略，就能收到预期效果。

一、产品功效优先策略

消费动机首先是求实或者利名，违背了这个策略的营销一般很难成功。因此，市场营销活动排在第一位的质量策略要有一个功效好的或者有面子的产品，要将产品的求实功效和名利视为影响营销效果的第一因素，优先考虑产品的质量及功效优化，满足消费者的虚荣心。

二、大众接受价格策略

价格的定位要符合产品定位、定向大众群体，因为价格也是影响营销成败的重要因素。对于求实、求廉、求面，即三求心理很重的消费者，产品价格的高低会直接影响消费者的购买行为。这里说的大众接受价格，就是产品价格要适合目标群体大众。首先，产品的价位要得到产品所定位的消费群体大众的认同；其次，产品的价值要与同类型的众多产品的价位基本相当；最后，确定销售价格后，所得利润率要与经营同类产品的众多经营者的利润率相当或者略高一些。

三、提升品牌策略

提升品牌是指提升企业形象，就是要改善和提高影响品牌的各项要素，再加上通过诸多形式的宣传策略，以此来提高品牌知名度和美誉度。提升品牌认知度不是一件容易的事情，既要求量，又要求质，通过求质又求量的策略提升品牌美誉度。

四、源头激励策略

源头激励或者刺激，就是将消费者视为营销的源头，通过营销活动不断地刺激或者激励消费者的购买需求及欲望，从而最大限度地服务消费者的营销方法。比如，消费者购买产品，扫码后无须注册就有红包、奖品，店老板把消费者购买过程拍照发给厂家业务主管，店老板也可领到微信红包。

五、现身说法策略

现身说法在现实生活中普遍使用，比如常见的减肥、黑发、疾病治疗、电视现场影像、小报页等就是用真实的人使用某种产品产生良好效果的事实作为案例，通过现代宣传手段向其他消费者传播，达到刺激消费者购买欲望的策略。

六、媒体组合策略

媒体组合是资源整合的环节之一，也就是将宣传品牌的各类广告媒体按适当的比例合理地组合使用，不断加深消费者的印象，激起消费者的购买欲望，树立和提升品牌形象。

七、动态营销策略

动态营销就是根据市场中各种要素的动态变化，随时调整营销的思路，跟进更加贴切的营销措施，从动态中使营销活动适应市场变化。其核心不仅要掌握市场中各种因素的动态变化，更要随时随地对变化市场进行调研，做到以动态营销策略应对市场变化。比如，河北养元智汇饮品股份有限公司在闯关 A 股入市时，在 2016 年 12 月招股书的风险提示为“继续保持经营业绩增长的风险”，而在 2017 年 10 月招股书的风险提示为“营业收入和净利润下滑的风险”。那么两次招股风险提示为什么会不一样呢？因受到大单品六个核桃业绩下滑的影响，2014—2016 年养元饮品的营业收入分别是 82.62 亿元、91.17 亿元、89 亿元，而 2017 年上半年的营业收入是 36.66 亿元，整体营业收入下滑趋势明显，不得不对动态营销进行调整。

第二节　营销策略的使用技巧

一、新市场开拓先调研

新市场的开拓必须先做好环境调研和产品调研工作。营销人要有开发新市场的意识，企业更应该重视，有人专门进行市场调研分析，收集产品及数据。特别是在当下大资料时代下，通过多渠道想办法将产品打入更大的市场，从区域市场到片区市场，再到全国市场，最后进入国际市场。

二、管道模式选择要多样化

营销管道策略是一个永不褪色的话题，无论是过去、现在还是将来，对目标产品去处的选择和定位至关重要。比如，传统管道、特通管道、现代 KA 管道、物联网、直销管道、智能通道等，企业都可以根据目标产品专属个性情况选择不同的管道进行流通，也就是企业选用哪一种目标管道使目标产品流通到消费者手中的答案有很多种，但是最适合目标产品的管道只有一种。

产品的销售不应该是单一管道销售，应该随着市场的变化不断变化。比如，快消品之前都是国营糖酒公司代理销售，后来又进入流通批发市场，随后又进入百货大楼、商场、超市，现在又进入移动互联网平台和无人看守的智慧机销售。传统的管道已经受到现代新管道的影响，是单一管道不能更好地解决产品的销售问题，迫于市场需要创造出来的新销售管道，案例中瓦达公司产品选择商超、餐饮等渠道把产品卖给消费者，就是多管道销售产品的模式。

三、产品开发策略

最近几年，产品研发成为企业的核心竞争力，也成为企业开拓创新的“心病”，如华为手机、苹果手机等，这些企业这几年能够在市场上立于不败之地，主要是得力于强大的产品研发团队研发出来的新产品。产品开发战略需要的是技术和资金，但是在新产品研发时，首先必须了解市场的需求、了解客户的需要，开发的产品应该是满足客户需要和科技发展需要的新。新产品研发战略不仅需要技术资金，还需要研发人员有创新性，要求企业有一定的创新能力，企业有对新事物进行探索的能力，有创新能力的企业才有发展潜力。一方面，新产品研发战略能很好地提高企业的竞争力和适应力；另一方面，新市场开发对那些正在成长的企业更加有利，使成熟企业的市场地位更加稳固。

四、产品定价策略

产品定价策略也就是产品的价格策略，企业必须根据成本、环境、竞争程度等给产品进行符合企业市场战略的定价，在进行 TPS 系统商战活动时，目标市场中的消费能力的分析非常重要。

五、营销战术的使用

从案例中应该看到，企业需要发展，团队能拿出好的营销技战术至关重要，好的产品、好的市场都是队伍“辛苦打拼”出来的。尤其是在不断变化的市场面前，产品创新、竞争激烈的当下，打好环境战和产品战，每出一招都要出其不意或者出奇制胜，才能让企业在市场竞争中站稳脚跟，提升企业的竞争力及产品品牌对市场的主导力，才能让企业在众多的竞争者中立于不败之地。

六、产品动销的传统技巧

动销策略主要是指企业采用一定的促销手段来销售产品、增加和扩大销售额，这是所有企业都关心的话题。常规的方法有折扣、返现、抽奖、免费体验等，现在最流行的就是场景体验。利用权威媒体移动互联网及自媒体产品场景进行高度曝光，扩大企业正面影响力，通过动感或者深度展示产品，提升企业品牌影响力、增强企业信任度。比如，广告单页派发，这是在加深消费者对产品的记忆，以此来提升销售业绩。

七、影响策略实施的三大因素

每一个策略的实施，都会受到很多因素的影响。比如，常见的宏观因素和微观因素，它们对企业营销的成功与否起着十分重要的作用。

（一）人文环境影响

人文环境主要是人口数量与市场环境之间的构成关系，气候规律和地理环境特性会影响人口流动。比如，个体家庭因社会阶层影响市场细分，也影响产品消费和购买。

（二）社会环境影响

社会环境是自然环境和经济环境的总体，是整个社会的经济结构，当经济环境和其他环境变化时，直接会影响个人收入，从而影响购买能力。比如，自然环境恶化，势必影响健康；技术水平直接影响企业的竞争地位；文化环境直接影响教育和传统习惯；政治格局的稳定和国家的政治法律环境都直接影响营销策略。

（三）微观环境影响

微观环境是指存在于企业周围并密切影响其行销活动的各种因素和条件，包括供应者、竞争者、公众及企业自身等，都会影响经济结构变化。比如，供应者是资源稳定和成本基础控制的保证，而购买者体现为人多面广、需求差异大、多属小客单购买和购买频率高、购买流动性较大。

第八章

Chapter 8

实战案例解析和标杆市场打造纪实

TPS 系统的组成其实很简单，主要是目标市场、目标产品和具体策略三大部分。只要掌握了核心组成，用起来一点也不复杂，打造可复制标杆市场也不再是难事。本书在前面已经重点阐述了如何运用 TPS 系统演练商战活动的步骤和注意事项，还有一部分实战举例。重点是可复制标杆市场的执行步骤，概括起来就是“两个分析三个确定”，即分析目标市场、分析目标产品、确定执行队伍、确定目标任务和确定具体实战的策略。在用 TPS 系统打造可复制标杆市场时，这五个步骤一个也不能少，唯有这五个步骤同时融合运用，才能为你的企业或者工作结果产生巨大的“核能”。

第一节　一个馒头引发 T（环境）、P（产品）思考

满大街都是卖馒头的，突然有一天，我发现我们家楼下生鲜店旁边开了一个大妈手工馒头坊。卖手工馒头的是一位大妈，她做的馒头非常好吃。我把这个消息告诉了朋友小张，随后小张就经常来大妈的店中买手工馒头，每天早晚两次。

有一天，小张来买大妈的馒头时，正好赶上还没出锅，大妈就和小张聊天。大妈得知小张每次都从很远的地方专门过来，大妈觉得小张人不错，于是大妈对小张说："小张啊，你也看到了，我的馒头都是亲手做的，我就是这儿的老板，你觉得我家的手工馒头真的很好吃吗？"小张说："我也是这楼上的朋友告诉我才知道的，其他地方也有手工馒头，但没有大妈您做得好吃！我很喜欢，周围的几位朋友也喜欢您做的馒头，每次买一大兜子馒头除了自己吃外，大部分都是带给朋友的。"大妈接着说："既然你觉得好吃，你的朋友们也喜欢吃，我们来做一个合作计划怎么样，你愿意与我合作吗？"小张说："好啊，大妈，那您说说怎么合作？"

大妈说："这样吧，你既然这么喜欢吃我家的手工馒头，那么从今天开始我正式邀请你成为我的'合伙人'。我到你们住的地方再开一家手工馒头坊，你就不用跑这么远了，你和以前一样，照例到店中买就可以了，以前你来买馒头再好吃也没有给你打过折，现在你成为我的'合伙人'，只要进店买馒头就给你打 7.5 折。如果有朋友问你哪里的馒头最好吃，你要帮我宣传。另外，来买馒头的人只要报你的名字，每次我奖励你 1.5 元，他们再推荐别人来买馒头，每一次我奖励你 0.5 元。"小张说："好啊！好啊！"

于是大妈就在小张家附近考察后选址开了一家大妈手工馒头坊，小张不断介绍周围朋友来买。合作了一个月后，大妈对小张说："因为你努力介绍，这个月生意兴隆，报你名字买馒头的是 1800 次，转介绍提你名字的是 1200 次，新店这个月生意不错，这是按约定给你的 3300 元。"

小张觉得到哪儿都是买，大妈的手工馒头还是这么好吃，现在能吃到这么好的手工馒头还能赚外快，太棒了！

过了一段时间，由于各种原因，小张要回老家，没有时间也没机会帮大妈再介绍人来买手工馒头了。于是在临走时小张特地到大妈手工馒头坊和大妈告别。大妈拉着小张，递给他 3000 元和一袋子馒头，小张很诧异，坚决不收钱，这时大妈说："你上次介绍的那些朋友，他们吃了馒头以后，感觉味道比其他馒头好吃，从那以后他们经常来光临，并且也介绍朋友来买，我同样给他们奖励了，这些是你应得的，感谢你的介绍和帮助，我的手工馒头坊才会有现在这么好的生意。”小张一手提着馒头一手拿着钱，竟说不出话来。后来大妈的手工馒头坊以一面标杆红旗成功地“插”到外地去了，还交给小张打理，并约定长久地合作下去。小张辞去工作，专门经营起大妈馒头坊，并使用微信、QQ 等现代通信工具，对大妈馒头坊采取新的商业营销模式。

TPS 系统解析如图 8 – 1 所示。

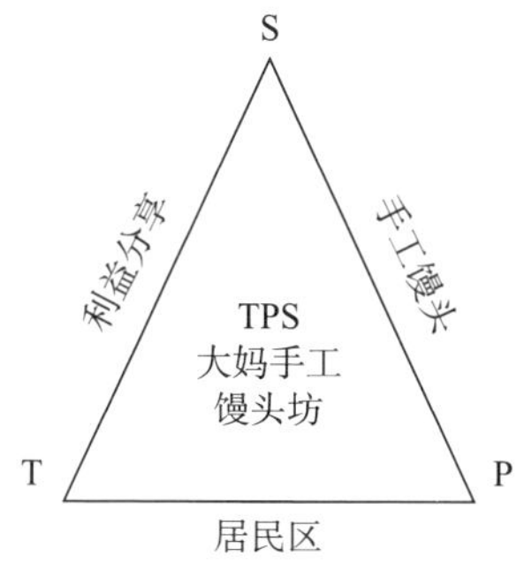

图 8 – 1　TPS 系统解析

根据 TPS 系统，在商战中大妈手工馒头坊的目标环境（T）没有优势，都是开在居民区或者生鲜店旁边。目标产品（P）手工馒头，大众熟知不需要任何教育，单从名称上看也没有优势特点，核心在于大妈手工馒头的质量和口感，只要经历过消费体验后都愿意二次消费。目标策略（S）的使用主要是利益分享。这个案例说明在商业环境中，未来消费的过程就是拥有和锁定消费者并且能为消费者分享利益的过程，使众多个别消费者从分散走向联盟，让消费者逐渐转变为消费商，最终达成合作共赢，通过互惠互利达成具体目标。

第二节　解密小 A 大盘鸡的 10 亿元“剿匪”记

小 A 大盘鸡在 2007 年开设第 1 家门店，2017 年在全国开设直营门店6家，加上连锁加盟门店已有1000多家，年营业额将近10亿元，他们是如何做到的呢？

小A大盘鸡2007年在河南省郑州市开设第1家门店时，和满大街的大盘鸡饭店也没有区别，都是用鸡、土豆等制作，分大、中、小三种，每份大盘鸡免费送两匹烩面。刚开始时生意并不好，老板差点儿关门。如果不做了能做什么呢？再三考虑，民以食为天，有人的地方就有衣食住行，一日三餐总是要吃的，老板觉得没有什么生意比吃的生意更好做了。

河南不仅是农业大省，也是人口大省，居民饮食还是以小麦为主食多样化的消费习惯，同时自己的门店在郑州市，环境还是比较好的。大盘鸡的主料是各种鸡，鸡肉的受众面非常广，选择什么品种的鸡及配料，直接影响做出来的口感，最后老板决定坚持做下去，但是要走出去学习别人的经验。比如，新疆大盘鸡的做法等，只有把别人的经验学过来，加以微创新，才能做出自己的风味。于是老板从以下几个方面做了改进。

（1）智慧财产权保护

老板通过走出去学习发现，满大街都是大盘鸡，“大盘鸡”三个字谁都可以用。如果没有自己独立的知识产权，要想做出与众不同的或者是让别人记住自己太难了，于是老板率先申请了小A大盘鸡商标，先做好知识产品保护，避免日后生意火了，别人也跟着使用相同名称的门匾。在申请的过程中，更换了最新的小A大盘鸡门头。

（2）选定招牌鸡

对主料鸡肉的选择，在品类上没有严格界定，对鸡的饲养条件、鸡龄长短也没有要求，就不可避免出现同一家门店、同一个师傅做出来的大盘鸡口感有差别，客人这次吃到大盘鸡的味道与上一次不一样，就会影响食客回头率。如果客人感觉这次的味道比上一次好，就是好事，但是感觉没有上次味道好，或者味道时好时坏，那就麻烦了，问题也大了，这也许就是有一段时间门店的生意非常差的原因。为了让客人吃到最好的鸡肉，体验到最好的美味，老板对鸡的品类做出了选择，并对饲养条件、鸡饲料、鸡龄长短做了严格的标准要求，比如，黑脚山头散养、只喂杂粮、一年鸡龄。

（3）店面要求“323”

小A大盘鸡门店选址，要求必须是在商业区、居民聚集区或者商务楼下，在允许开设餐饮店不扰民的范围内，面积在30平方米以上，两个店面的距离至少2000米，门店前的台阶不能超过3个，最好有方便停车的路段。

（4）队伍结构“1314”

目前每家门店的核心人员结构采用“1314”结构，即1名店长、3名厨师、1名收银员、4名服务员。

（5）错时促销爆棚

错时促销（或者叫作错时效应），这是我提出的实践理论观点，在《娃哈哈区域标杆》一书中专门列举了促销案例，也就是同样的促销方式，要在时间间隔上找出创新，让促销效益最大化。错时促销是怎么做的呢？餐饮业就是常规的消费返利，比如，一次消费满100元，返50元代金券，而且代金券的颜色至少三种，下次消费时折抵现金，而且每张代金券下次在哪一天哪个时间段消费都给出了明确的时间要求。如果营业时间是从中午11：00到晚上21：00，优惠券的使用时间为中午11：00～12：00使用红色卷，在19：00～20：00使用蓝色卷，过期一律作废。

自从对常规返券消费做了这个小小的改变，小A大盘鸡的生意一天比一天好，从早到晚高峰期出现排队，不是高峰期也是人流量不断。就是这个促销错时效应的灵活运用，使得小A大盘鸡的生意发生了转机，天天爆棚，并很快开了第2家直营连锁门店，同时也形成自己的一套制作标准和开店标准，以及各种管理制度。凡是有小A大盘鸡门店的地方，门店周围500米内的大盘鸡门店基本上都被“剿灭”。2017年年初，小A大盘鸡陆续开了6家直营连锁门店，在全国开了1000多家加盟连锁门店，目前年营业额已经超过10.21亿元。

TPS系统解析：

小A大盘鸡营销的成功，以及做到全国性有效复制，对照TPS系统打造可复制标杆市场的关键步骤进行解析，解密如下。

第一步：环境（T 目标市场）分析。

小 A 大盘鸡根据地河南省郑州市，居民喜欢面食，一日三餐目标受众数量巨大，商机巨大。

第二步：产品（P 目标产品）分析。

在门店和产品上，大盘鸡名称直观，主料是鸡肉、土豆、烩面，在当地消费者认知度高、受众比较广，不需要教育。为什么第一次开店失败了？是品牌和产品出了问题。满大街都是大盘鸡，没有品牌个性区隔，对鸡、土豆等主料没有严格的标准要求，食客消费后的体验价值感不一样，造成食客流失。

改进的办法：

一是走出去学习先进经验；

二是申请知识产权保护，形成品牌标识区隔；

三是制定食材标准，比如，主料鸡只用黑脚鸡，山上散养的，只喂杂粮不喂饲料，成长期 1 年；

第三步：策略（S 目标策略）分析。

在这里主要解析小 A 大盘鸡返券的错时促销。对于消费返券常规的做法是消费满多少赠送一定金额的优惠券，在某个期限内的任意时间，只要再来消费就可以用优惠券折抵。这样会出现什么问题呢？食客集中在优惠券快到期时消费，突然食客暴涨。小 A 大盘鸡只是对这种常规的促销做了小小的创新改进，把优惠券在某个时限内（比如，在 3 月 1 ~31 日）使用改成分时段使用，把计划发放数量相同的优惠券细分到每一天可消费的数量，总量加起来等于计划发放总量，在促销时段使用才有效。

小 A 大盘鸡的成功，就是这个小小的创新策略，每家门店每天的食客源源不断，每天咨询加盟的信息也不断。虽然小 A 大盘鸡目前在全国已经有 1000 多家门店，但是真正直营的核心门店才 6 家，这 6 家直营门店就是小 A 大盘鸡的标杆门店，每天都能看到很多食客排队。

第三节 如何助力一颗山楂独霸县城餐饮

2017 年，一个小企业，一款山楂饮品两个规格，在一个 70 万人口的市级县城中，一条街 50 家餐饮店最高峰时月销售 18000 件。其中，一家饭店有一天最高值卖出去近 500 件。怎么做到的呢？请跟我一起用 TPS 系统法分析一颗山楂独霸县城餐饮的实录。

一、第一步：环境分析（T）

最近几年，由于产品同质化、服务同质化比较严重，水系、茶系、奶系、功能系等饮品市场竞争激烈，唯有果汁类饮品一直处于上升趋势。1989 年成立的方圆（化名）公司一直致力于饮品的研发、生产、销售，对产品趋势有一定的市场基础，在经营的过程中，发现山楂饮品还有市场机会，特别是北方市场要优于南方市场。虽然这个品类的饮品在 2010 年左右曾掀起一阵风，大小品牌都在低价乱战，最后没有一个牌子把市场真正做起来，使山楂饮品逐渐淡出了人们的视线。因此，开发山楂饮品是一个好机会，竞争者少，暂时不会前后受敌，成功的概率相对较大。

二、第二步：产品分析（P）

认知度：主料山楂，开胃助消化，增强食欲，大众熟知，老少皆宜，不需要教育。

之前：低价乱战（零售价不超过 4 元），各级价差不足，果汁含量在 10% 左右，口感不好，包装雷同，都是 PET 小方瓶或者圆高瓶。

现状：从 2013 年下半年开始，真正的危机来临，各行各业处于水深火热之中，生意全线处于停滞甚至退步状态，各大牌子销售额开始下滑，全线处于防守状态，茶、水、奶等饮品市场竞争激烈，大牌子太多，一下子找不到市场优势，各大品牌企业开始把目光盯在了功能饮品和植物蛋白质饮品上，唯有山楂类果汁饮品的关注度不高。方圆公司认为，如果研发一款山楂饮品，暂时不容易引起竞争，对方圆公司是一个很好的机会。

三、第三步：目标确定（S）

（一）目标市场确定

综合调研分析，目标市场选择任丘，相当于一个市级县城，包括华北油田，总人口约 80 万人。这里有餐饮一条街，位于北站东路，北接东风小区紧跟华北油田，南临永丰路街道办事处，交通便捷、餐饮店数量多、规模大、特色全，是打造标杆市场的最佳爆破点。

（二）目标产品确定

基于已有产品改进创新：

（1）外包装瓶型。结合之前的 PET 方形小瓶和圆形高瓶，改成以山楂红色为主题 PET 圆形 350ml 小矮瓶和 1000ml 方形高瓶，陈列展示时能第一时间抢占到视觉感官。

（2）提升内在价值。采用 100% 鲜果鲜肉与易于被人体吸收的小分子团弱碱性水精制而成，山楂果汁果肉含量大于 60%，不添加防腐剂、香精和色素。

（3）原料成本。原料全部采用北纬 37.2°深山之中自由的 10 万亩森林种植基地，环境远离工业污染，真正的无公害原料，环境昼夜温差大，光照时间长，营养极其丰富。

（三）实战队伍确定

初期介入，考虑成本，公司派一名实战型销售主管配合经销商业务，根据产品贡献再陆续补充人员。

（四）目标任务确定

（1）网络目标。方案一：30 天内开发出 1 家做传统管道经销商和 1 家做餐饮（特通）管道的经销商；方案二：30 天内开发出来 1 家既做传统管道又做餐饮管道的经销商。

（2）餐饮目标。在餐饮一条街上选择稍微有档次的如盛世金源、华达美食城、华府千年火锅城、青丝缘大型休闲广场、北京素食城、天津巨无霸海鲜城、东来顺等中高档饭店，数量50家。

（3）任务目标。10天内先搞定3～5家饭店，以此带动逐渐拓宽。

（五）确定目标策略（S）

目标策略确定，即实施各项任务目标采取的方式方法，力求简单，易懂易操作，盈利点清楚，双向互动利益最大化。

（1）直奔目标寻找经销商。业务经理直奔饭店蹲守：一是发现向饭店送货的员工就上前询问，搜寻送货商电话；二是询问饭店主管或者老板，告知自己的想法和目的，打听送货经销商的联系方式；三是通过到终端中小批发部寻找有实力的经销商。通过这种方式把搜寻到的经销商都拜访一遍后，最终找到一家经营啤酒为主既做管道又做餐饮的经销商，愿意经营方圆公司的山楂产品，也赞同公司500件小批量起发，然后根据铺货进度结合市场节奏发货办法，签订了产品代理合同，并向公司支付了第一笔产品经销款。

（2）直奔重点定点铺货。第一批货到达后，业务经理和经销商业务员一起到饭店铺货，只要愿意接货（最少1件350ml加1件1000ml）的饭店，公司承诺负责消费者促销拉动，如果7天内没有动销，可以退货。明确分工，经销商业务员负责继续铺货，业务经理负责动销拉动。

（3）简单主题定点引爆。把货铺到饭店后，业务经理随机针对饭店开展消费者促销拉动，刚开始每天只做一个点位、一张易拉宝、一条横幅，临时聘用两男两女4名学生。其中，两位男生穿着卡通小气人来回走动，配合条幅、易拉宝助销物制造销售氛围。一名女生负责外场产品免费品尝服务，另一名女生负责内场免费赠送，见一桌食客就送350ml山楂饮品一瓶，再购买就参与现场抽奖，奖品有纸巾、小玩具、水杯等日常用品。业务经理负责产品宣传，同时兼顾整个促销活动的协调工作。

感悟：针对饭店的促销活动，不能简单地复制经验，要根据消费环境和目标人群制定，每一个小小的策略都要直奔目标主题。这种现场互动的促销：一是主题简单、内容简单、促销用语简单；二是根据产品消费的物件，要营造销售氛围，引起消费者或者孩子的注意，进行拍照之类的自传播。再通过赠送礼品帮助门店揽客，顺势推广、销售自己的产品。

（4）联合促销引客进店。业务经理与饭店协商，通过联合促销的办法吸引更多的食客进店消费。

联想柳传志说“把简单做到极致就成功了”，方圆公司始终抓着“简单”二字，各种简单的小型活动不断，每天早晚都安排临时促销员在这条街上的饭店门口来回转动，发放传单、免费品尝、进店有礼品、消费就参与抽奖、购买也抽奖。慢慢地大家就认可了方圆牌山楂饮品，在饭店中成为消费必选，销量也越来越大。刚开始不要货的饭店现在主动要货，条件好的饭店还自己开始做陈列展示促销，顾客在饭店消费后。临走时会买1件产品带走，其中一家饭店在大堂做了一个200件产品的地堆，最多时一天卖出去将近500件产品。

就这样，一个小企业，一个名不见经传的小牌子，一颗小小的山楂，凭着过硬的产品质地，独霸了这个80万人口的市级县城餐饮一条街。所有餐饮店最高峰时月销售方圆牌山楂饮品18000件，方圆公司真正打造出了自己的餐饮管道标杆。

第四节 助推×牌电动车三省标杆市场纪录

×牌电动车科技公司是2004年成立的，一直致力于电动车的研发、生产、销售，符合国家节能减排绿色出行的标准。能源电动车也是现代出行的首选工具，2016年公司年产电动车的能力达到100多万辆。但是面对众多强大的竞争对手的挤压，在云南、贵州、四川三省，即便质量非常过硬，在市场几乎找不到×牌电动车的身影。到底是什么原因阻碍了×牌电动车在云南、贵州、四川三省的前行道路，是对手太强大还是自身产品的问题？

一、第一步：环境（T）调研

2016年1月5日，公司决定派出3人精干小组，带着疑问，前往云南、贵州、四川三省调研。通过为期8天的市场走访，综合分析得出以下信息。

（1）在云南、贵州、四川三省，除了省会和县城道路稍微平坦外，其余道路均是山地，S形山路较多，且坡度高。

（2）城区县城居民用电动车的不少，电动车品牌主要以雅迪、绿源、爱玛等精美车型为主。

（3）在离城区稍远的乡镇或者边陲乡村，电动车的用户很少，基本上都是以摩托车或者燃油电动车为主，主要是居民出行路途较远，普通电动车电池的行程达不到。

（4）离城区稍近，使用电动车的女性居多，以轻便精美车型为主，男士主要骑摩托车或者燃油电动车。

二、第二步：产品（P）分析

经过8天的走访，结合当地居民用车习惯及目前畅销的品牌，综合得出以下信息。

（1）电动车品牌主要以雅迪、绿源、爱玛等精美车型为主，接受价位1000～3000元。

（2）红色和黑色，看着大气，装饰豪华的电动车最受欢迎。

（3）城区边陲和乡镇的居民，希望电动车动力足，车身轻巧。

（4）因山路多，路面不平，万一电动车没电了，推动时方便。

（5）希望电动车上可以带小背篓等货物。

三、第三步：确定目标市场和目标产品

调研小组带着市场走访的综合信息回到总公司汇报，技术组、研发组和公司高层也参与了市场汇报工作，公司高层当即决定把云南、贵州、四川三省作为重要试点，由技术组和研发组紧密配合开发适合这三

省居民消费的产品，打造出×牌电动车在西南全新的标杆市场。时间定格在2016年1月18日，会议决定产品的突破点如下。

（1）电动车核心技术不变，缩小后背箱体积，改进前车篓体积，以此缩短车身，减轻车的自身重量。

（2）在电动车车身两侧增加伸缩起降架，合起来时不影响正常骑行，打开时可以横挂两个小背篓，还不影响一个人骑行或者两个人骑行。

（3）改进轻型材质装饰外观，增强电池组，改进电机动力，减轻车重。

（4）车身重量整体在原来的基础上减少10～17千克，一次充电续行80千米～120千米。

（5）对常规类电动车的后支撑架两边进行改进，增加两个轮子，当电量不足时，也可以轻便前行。

这些改进，对于×牌电动车公司技术组和研发组来说都不是难题。经过半个月的努力，在2016年2月4日这一天，全新的红黑两款“爬坡王”电动车面世了，两个90千克的壮汉骑上去能续行96.5千米。

四、第四步：确定策略（S）

2016年春节过后，首选贵州省作为突破口，重点开发地级市场和县级市场。在启动市场时，没有与竞品拼价格，也没有与竞品展开促销争斗战，而是选择“跨界”。第一站选择在贵州省晴隆二十四道拐，开展主题为×牌电动车“动力爬坡王”挑战赛，重点是PK摩托车，参赛选手骑摩托车挑战电动车，活动内容不仅新颖，还因为×牌“爬坡王”电动车的真正竞争对手不是同行业产品，而是跨界的摩托车，活动目的非常明确。摩托车每年维修的费用也不低，把这部分消费者给吸引过来，每年能为摩托车用户省2000～4000元，这个好处对西南县城乡镇的居民还是有很大吸引力的。

为什么要选择在二十四道拐开展活动呢？

首先，这是一条抗战路线，有红色教育意义，在此开展活动，容易引起地方政府和各大媒体的关注，能大大降低产品传播成本。

其次，×牌“爬坡王”在满足城区平坦道路消费者出行需求的基础上，凭借技术优势，比摩托车更经济环保、便利好用、超强动力、远距离续行等使用性能，和大家熟悉的摩托车挑战“魔鬼路段”二十四道拐，真正践行了“经济、实惠、好用才是硬道理”的亲民品牌定位。新产品一上市就势不可当，活动结果超乎想象。

×牌“爬坡王”电动车凭借因地制造的系列强劲优势，以及经济实惠、充电方便、电池续行超长等特点，不到半年时间就迅速被云南、贵州、四川三省的消费者认可，有效解决了云南、贵州、四川三省的山区群众出行的一大难题，×牌“爬坡王”也被老百姓誉为真正的爬坡产品。同时，为×牌电动车公司打造可复制标杆市场积累了宝贵的经验。

上述3个TPS系统实战案例的再现，给我留下最深的感悟是：成功的标杆市场不能复制，而是需要“嫁接”，传统的复制方法已经不灵验了。TPS高效能事务处理系统适用的范围很广泛，不仅是在汽车制造业中适用，还适用于快消品行业、餐饮行业、服装行业等，核心部分是标杆部分的打造，标杆市场打造好了，其他市场要打造标杆，只需“嫁接”即可。

这里还有一个重要事项务必清楚，就是策略部分，即定队伍、定任务和定策略，也就是TPS系统的S部分，这部分内容就像植物嫁接，嫁接出来的新物种是否优秀，除了母本、父本的选择外，分析就非常重要。如果父本分析选择错误，或者草率选择，那么嫁接出来的果树就不会优秀，甚至表现平平。目前很多样板市场不能复制或者打一个丢一个，就只看到“母本”的经验，没有研究透“父本”（所以在本书的前面，我用了大量的篇幅解释和述说目标市场分析和目标产品分析，也就是TPS系统的T和P两个部分，为的就是打造出来的标杆市场一定是优秀的，而且必须是可以复制的。怎么复制、复制的关键点在哪儿，都已经说得很清楚了）。否则就会出现目前样板市场现状，样板市场也打造了，资源也集中用了，队伍也建立了，做出的样板市场不能复制，复制到哪儿，哪儿的市场就瘫痪，最后不能使公司效益最大化，还出现一大堆市场遗留问题，重复浪费公司仅有的资源，只要提样板老板就色变发抖。

因此，真正负责的营销人，一定要学会正确使用TPS系统，带领你的团队，用行动和行动后产生的结果来证明你的营销能力，相信会给你带来正面、积极的收获，从此让你的人生价值与众不同。

第二篇

如何构建市场持续增量系统

一、传统增量系统的缺失

销售增量管理的系统很多，我发现95%以上的传统增量系统都存在这个现状：听起来有道理，讲师讲的也没错，越听越激动，笔记也做了不少，但是拿来用时，就发现不匹配。这到底又是为什么呢？经过研究，我发现主要是缺乏对环境和产品的研究。因此，再好的管理系统，最终必须落地，如果缺少了对环境（T）和产品（P）的研究，以及与环境和产品相匹配的队伍（S）的研究，这个增量管理系统都是不完善的。

二、TPS系统管理增量的6个关键节奏

TPS系统商战就是从最基本的环境、产品和队伍管理出发，根据环境、产品和队伍的变化进行思考，然后采用相应的策略，最终朝着既定的目标一步一步前进，如图1所示。其中，目标环境和目标产品是基础，目标队伍和目标策略是保驾护航目标任务的有力翅膀，高效的管理能使目标持续飞扬。

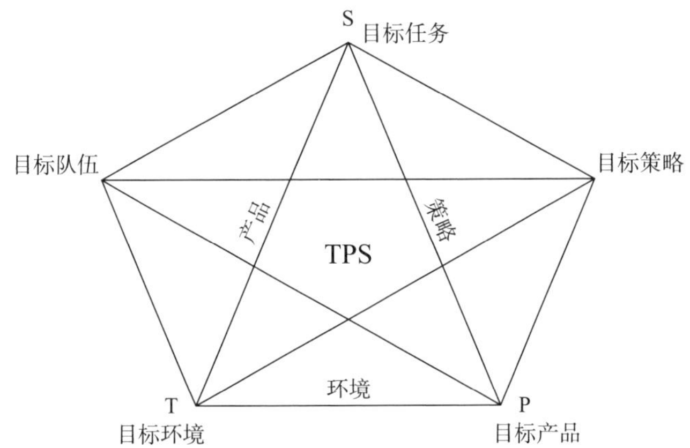

TPS 系统商战图

用这个全新的 TPS 商战系统管理市场增量，你只需掌握 6 个关键节奏：人员节奏的管理、管道节奏的完善、终端节奏的疏导、产品节奏的搭配、促销节奏的效益和资金回笼节奏的保障。

第九章

Chapter 9

人才管理

在用 TPS 系统管理增量活动时，首先，是对环境分析和产品分析的管理，这是两个关键基础。其次，是确定队伍，这是增量活动管理必须要做的第三步，人才配备是否合理也直接关系到增量活动的成败。过去、现在、未来，人才都是生产力的第一要素。华为成功的秘诀之一就是重视人才，到 2017 年华为已经在全世界建立了 26 个人才能力中心库，聚集了一批世界级优秀科学家，他们正在全流程地引领企业发展。

从华为对人才的重视不难看出，华为拥有这么庞大的科学队伍，如此宽容的人才理念，华为还有什么奇迹不能创造出来呢？这的确值得每一位企业家思考。因此，企业在利用 TPS 系统开展销售活动时的任何一个环节，都是需要人才来完成的。所以，本书的开篇就给大家分享了初创经销商和中小企业人才引进、管理，这也说明了人才的重要性。其实，在运用 TPS 系统完成销售增量活动中，我们只需要围绕人才管理、管道选择、终端管理、产品分配、有效促销、资金安全 6 个节奏不断开展循环活动，在每一个节奏中不同时间段配备不同数量的人员，才有可能最大限度地创造销售增量活动，不断创造奇迹。

第一节　企业如何高效招人

根据TPS系统结构内涵，把“企业如何高效找到人”进行合理分解，然后针对每一个事务来寻找具体的解决方法。其基本内容应该划分为：T在这里代表着企业成立时间的长短和企业经济规模的大小，包括企业经营环境和企业文化，即目标环境；P在这里就是企业要去寻找的人，即目标产品；S在这里就是用什么方式方法快速把人引进来，即处理事务的策略。按照企业发展一般都会经历的几个阶段，即创业期、成长期、成熟期和衰退期（持续发展期），下面就利用TPS系统，结合企业生命周期理论，和大家分享在每个阶段高效招人的方法。

一、创业初期的管理办法

从目标环境层面看，在创业初期，很多企业，由于资金薄弱和办公环境简陋，再加上没有文化影响力，常常遭遇招聘人员难的问题，总是找不到合适的人员，更不要谈管理了。

张老板是做业务出身的，在2013年6月在省会城市注册了一家商贸公司，租赁了一间80平方米的办公室，置办了会议桌等办公用品，拿着正规手续准备组织人马大干一番，于是缴纳了600元信息发布费，通过智联招聘平台发布了招聘信息，在一个月里就收到简历100多份。经过初步筛选后，第一次电话通知到真正来面试的一个人都没有，第二次来了5个人。经过一番面试后，好不容易有两位满意的，可到上班时却一个人也没有来，这就是初创公司的现状。自身企业环境薄弱，基础实力欠缺，600元信息发布费换来的结果是零。

那么，各种条件都比较弱势的初创经销商或者中小企业，在创业初期如何招聘到合适的人员呢？在这个阶段，招聘人员最好的方式就是通过朋友或者熟人介绍，相对来说成功率较高。因为亲戚或者朋友比较了解老板这个人，被介绍人的信任度也较高。根据我创业时的亲身经历，在这个阶段中，如果通过人才市场或者专业平台招聘，成功率是很低的，甚至根本就招聘不到人，因为要品牌没有品牌，要环境没有像样的环境，即便你看上的人，与他们解释半天，离开后再也不会和你见面。

在利用亲戚或者朋友介绍时，要做好这些准备工作：一是把企业的实际情况告诉亲戚或者朋友，让他们知道目前你的企业的实际情况和难处；二是需要把岗位说清楚，比如，是专门送货还是跑业务，送货在哪里送，跑业务在哪里跑，是带着产品跑还是拿着样品跑等，让对方知道介绍过来的人是做什么的；三是对用什么样的人，是男的还是女的，年龄要求、住所地要求等，特别是工资待遇，都要提前考虑清楚；四是对介绍的人员要提前电话联系，通过电话聊天的形式感知对方的一些基本情况，判断是否符合你要找的人才，感觉合适再通知对方见面，感觉不合适在电话里要委婉地拒绝。

特别提醒：在这个阶段，企业的 T（环境）部分比较薄弱，要快速找到适合的 P（人才），最省钱又简单有效的 S（策略）就是通过亲戚或者朋友介绍。

二、企业成长期的管理办法

中小企业或者经销商，在经过创业初期的磨合后，慢慢成长并日趋壮大。这个阶段的企业，已经积累了一定的文化基础，无论办公环境或者经济实力都有了改善和积累，也有了相应的品牌基础，对外还有市场业务的影响，这个阶段招聘人员比初期要容易得多。

随着企业或者经销商的发展：一是产品由单一产品转向多个产品，对产品线管理和维护的人员也随之增多；二是队伍由一个部门增加到两个或者几个，跨部门的协调工作越来越多、越来越复杂、越来越困难；三是企业面临的主要问题是组织均衡成长、跨业务合作及跨部门协同作战，对业务员的综合素质要求也相对提高了。也就是说，从初创期过渡到成长期的企业，企业的 T（环境）部分已经发生了根本性的趋好变化，对 P（人才）的需求不仅在数量上有所增加，对综合素质的要求也有所提高了，这个时段引进时可选择和使用的S（策略）也多了。

那么，在这个阶段如何进行有效招聘呢？也就是使用哪些有效的S（策略）快速找到适合T（环境）更多的高素质的P（人才）。省钱、简单、高效的具体方法：一是在内部发布招聘信息，由内部员工介绍；二是在一些免费平台发布招聘信息；三是参加本地人才交流会或者校园招聘会；四是通过缴费参加专业招聘平台，如在智联、前程无忧等信息平台发布招聘信息。

特别提醒：进入成长阶段，企业的T（环境）一般都会有很大的改善，完全可以满足部分人才在该平台上的发展要求。要快速找到适合的P（人才），可选择的S（策略）相对较多，这个时候招聘的人员，不是非要考虑省钱，也不是对方对你的企业感兴趣你就用，必须要提高用人要求，要专人负责从专业招聘平台招聘高素质的人才，才能为企业的进一步发展储备人才。

三、企业成熟期的管理办法

一个企业经过创业初期和成长期后，相应的各种机制和体制日趋完善，这个时期组织创新和创业精神的渴望程度渐渐淡薄。表面上企业组织和流程越来越规范，但是也因为部分“功臣”的思想固化使得组织和流程僵化日趋严重，导致部门之间协作困难，从而进一步导致工作效率低下。大部分企业因为出现各种内讧导致人才流失，由此使企业走向衰落，也有极少数企业经过业务变革，及时补充了高素质人才，进入持续发展期，步步高升，年年辉煌。

特别提醒：在这个阶段，虽然对聘用人员的综合素质要求较高，但是不易选择“空降兵”，需要着手人才培养储备工作。同时，人才储备的目的不适合在公司内部宣扬，也不宜批量招聘。因此，可用的S（策略）中建议选择大学毕业季或者自己的门户网站，招聘的人员最好以综合素质高的大学生为主。选用人员时，老板必须把关，公司培养起来的人才放到管理层面，把思想落后和确实不适合管理岗位、管理能力低下的老“功臣”替换下来，为公司发展注入新的活力，让他们创造出更多的创新机会，从而带领团队为公司创造更多的经济效益。

四、企业衰退期的管理办法

任何事物都有兴亡生死，到了一定阶段总会出现发展缓慢甚至衰退。因为新的事物不断出现，新事物代替旧事物是一种趋势，这也可以叫作发展。企业也一样，在经历了前面几个阶段后，发展到一定的高峰期，难免停滞不前甚至会衰退，每个企业都逃不过这个规律。

在这个阶段，企业的T（环境）会出现明显的变化，客观方面出于视觉感受，如办公环境一般变化不大；主观方面因人的因素，如内部员工自信心不足，对企业的影响具有破坏性。P（人才）的变化主要体现在体态言语，如受外界褒贬言语影响，员工附和认知，甚至员工都不看好公司的未来。这个阶段离职率也高，这都是客观存在的受外界主管因素的影响造成的。

这个阶段，公司使用S（策略）中的哪种方法，把P（人才）的负面影响降到最低，引进全新思想的P（人才）加入T（环境）中，这里面S（策略）对T（环境）的影响至关重要。在这个时候，还是以校园招聘、大型招聘会及网络招聘为主。一是直面企业环境的变化，对前来面试的人员不避讳企业面临的困境，甚至告知对企业感兴趣的人选加入企业要面临的挑战，提前避免因为人的期望值过高在遇到困难时对企业不信任；二是直接面对老员工思想顾虑，老板有必要对主管们表明态度，不能因为是老“功臣”就不好意思说话，要找时机把话说在前面，愿意和公司拼搏的就留下，不愿意或者稍微不信任的可以离开，但绝不允许怠慢公司、懈怠工作，快速用新人补充到相应的岗位上。同样，这个时期的招聘不适合批量性招聘。

第二节　企业如何留住新人

铁打的营盘流水的兵，企业有时会出现人员流动也是很正常的事情，但是需要注意的是，如果招进来的新人频繁流失，那就要引起高度重视和寻找原因了，找出留不住新人的原因，只有找到了真正流失的原因，才能“对症下药”。就当下企业存在的现象来说，老板们总是在为找不到满意的新人、管理人员为找不到或留不住人而头疼，要么对来的人不满意；要么人是来了，过几天又跑了；要么根本就招聘不来人。用人部门埋怨人力资源部门办事能力差，人力资源部门抱怨用人部门留不住人。

其实，在抱怨时，为什么不停下来思考一些问题，企业人力紧缺和人员流失不是一个人或一个企业的责任，而是关系到企业中的每个人、每个部门的事情，包括这个企业的文化。因为新人刚进入企业，新的工作环境会给人以新鲜感，而新人就像产品一样，需要快速融入环境中，除了人才自身的特质和努力外，主管或者老板使用的策略至关重要。因此，企业要留住更多的新人，如何用 TPS 系统进行高效率转换，我列举以下经验供读者参考。

一、新员工心理过程管理

在分享经验之前，我们先了解新员工进入企业面对新环境都要经历的几个常规心理过程：从最初的兴奋期到迷茫期，再从恐慌期到融入期，最后是舒服期。这个过程一般 60 天左右，也就是我们常说的试用期之内。管理者需要进行相应的管理和引导，多了解每个阶段新员工的心理活动，给予员工更多的关心、关注和投入。

（一）兴奋期管理

无论是刚毕业的大学生还是有经验的熟手，对刚刚找到的新工作，不管是自己特别满意的还是自己觉得不理想的，都是自己的个人意愿和决定，也是自身能力被企业肯定的表现，是企业高兴的事情，更是求职者求职成功，值得兴奋的事情。无论最终结果怎么样，因为你能在众多的面试者中被企业选中，本身就是被企业认可，其实这在某种程度上讲，不管以什么样的方式进入企业，都已经满足了个人的虚荣心。

（二）迷茫期管理

当一个人成功应聘到一个企业中，从上班的第一天开始，面对新的环境、新的同事、新的主管领导，还有新的规章制度，还真的很难从原有的思维定式中转变过来。如果你是有经验的熟手，当新的企业文化与原有的企业文化有差异时，你就开始说我们以前是怎么操作的，我们以前的环境是什么样的等，这是在将迷茫作为逃避的借口。如果你是刚毕业的新人，可能就不会有这样的心理落差，但有一点，从此管你的是主管领导，不再是父母和老师。也许你会说主管怎么这么凶。

这些都是在给自己缓解压力，因为了解企业需要一个过程，需要时间来经历。体验企业的文化、体验企业的人文、体验企业定时的上班和不定时的下班，其实在这个时间段中，也是新人最迷茫的时期。因为我们在一个全新的环境中，做什么都不随心愿，好像做什么都是错的，哪怕你以前在其他企业是做高层的，也难逃一劫。企业要想留住人，一定要多关心员工。

（三）恐慌期管理

新人进入一个企业 25 天左右，公司人文与环境的磨合期过了，这个阶段已经没有借口了，如果还不适应环境就有可能被淘汰。如果还不能很好地融入企业的人文环境中，不管你拿多高的工资，还是拿多低的工资，都会恐慌，对公司的中意度越高，内心恐慌就越强烈。在一般情况下，你开始怀疑自己的处事能力，我为什么不了解这些呢？我明明知道，为什么就没有做到呢？现在得从头开始，放弃自己擅长的，必须接受其他人的方法，不管这个方法自己认为多么的原始和愚蠢，必须要适应。

你只有适应了，才能去改变，此时企业主管要做的就是提前引导。

（四）融入期管理

经过 40 天左右的僵持后，恐慌虽然还在继续，但这个时候新人都会明白，要么争取融入企业，要么承受不了而最终放弃，或者被企业考核后淘汰，所以这个时候新员工的离职率都很高。

（五）舒服期管理

舒服期基本上出现在 50 天左右，新人已经慢慢融入企业的环境中，对公司的规章制度、部门的工作流程和产品销售基本知识已经熟悉，知道在什么时候和谁沟通，有问题该去询问谁及请教谁，怎么去和周围的同事沟通。在这个时候，新人内心的紧张感也开始解除，大家也接纳你了，你也越发努力工作了，工作效率也提高了，即便偶尔还有点小抱怨，也知道抱怨改变不了老板的看法，也改变不了主管的看法，所以，这个时候好像一切都会向你靠拢，不是你适应他们，而是他们开始适应你了。

二、留住新人的管理策略

在把握了新人进入新环境的心理发展后，你要根据员工发展的不同阶段来制定不同的管理策略，来克服每个阶段的消极情绪，激发积极情绪，并帮助员工顺利过渡，学会在成长中发现人才、提拔人才。如何利用 TPS 系统策略如图 9－1 所示帮助他们度过这几个阶段，能够培养新员工并成功留住他们呢？具体应对策略如下。

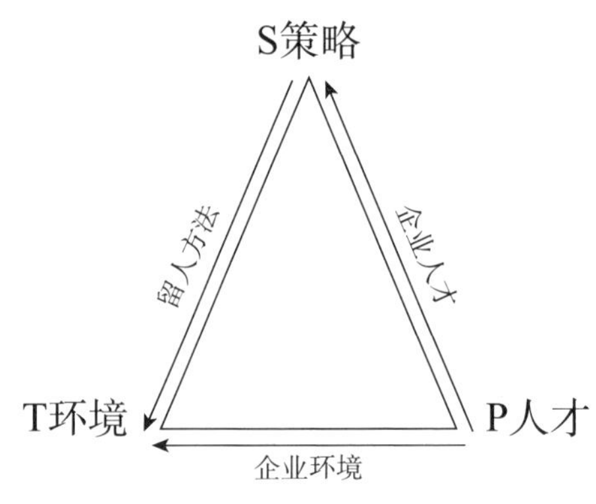

图 9－1　TPS 系统策略

（一）兴奋期管理策略

刚走进一家企业的新人，大部分人在常规情况下都是高愿望低能力，特别需要培训和激励。

小张 2009 年 9 月进入娃哈哈公司。刚入职时，小张对公司的环境非常满意，而且还特别兴奋，当然对自己的期望值也很高，上班第一天就给自己定了一个宏伟的目标：要用 5 天时间熟悉公司业务流程，10

天之内和同事搞好关系，20天之内突破自己的业绩，并且发誓要在两个月后争取转正，主管也很看好他。

在一次晨会上，小张积极发言，并对公司的一些管理方式和流程提出看法，由于社会履历尚浅，很多建议在同事看来非常幼稚。小张跑业务非常积极，第一天就给老业务员很大压力，他向老业务员请教问题时，很多人对他都有所保留，甚至不告诉他。10天很快过去了，小张的人际关系并没有维持好，虽然很辛苦，但业绩也没有太大起色，小张开始焦虑了。

本来环境是陌生的，人是陌生的，工作也是陌生的，一切都是陌生的，这时候突然感觉到周围的怀疑，感觉在身边的每个人都很复杂，工作无所适从，甚至其他人稍微一绷脸就觉得不舒服，对领导或同事的话不理解也变成了“受欺负”，唯一的念头就是想离开。

作为主管或者老板，需要做好以下工作：

第一，主动关心员工。

新员工第一天上班时，主管应该主持新人欢迎仪式，主管经理要亲自为到岗后的员工做简单的自我介绍，部门领导要给他们做“靠山”，要给他们信任感。

第二，一线主管要亲自领跑。

主管经理自我介绍完后，同时要安排一线岗位主管见面，也就是岗位主管不能只限于介绍岗位职责和内容，而先要给他们一个熟悉过程，安排岗位主管亲自带领新员工1～3天，岗位主管对新员工接触的每项新工作都要进行指导和帮助，在他们了解环境和有分辨能力后再交给业务熟手与他们衔接。

在把新员工交给业务熟手之前，要对这个业务熟手有客观的评价，优点要重点讲，缺点要一带而过。这样，新员工对未来的熟手——“老师”就会有一些初步的好印象。

作为主管经理，至少一周要关心新人1～2次工作情况，要亲自面对面交流或者亲临现场，询问新员工近一段时间的工作感受，有无困难需要帮助或对公司有无合理化建议。如果知道新员工的忧虑但他不愿意说出来，主管经理可以婉转地替新员工说出来，并附上一句新人一般都会遇到什么事情等，这样会使新员工在心里更加相信企业对自己的重视和需要。

第三，意识形态培训和激励。

像小张这样的新人遇到这样的问题是很普遍的，需要及时的解惑与鼓励，不仅是技能方面的指导，更多的是及时安排意识形态培训课。小张有干劲、有理想，但由于社会阅历少，面对复杂的环境不知道该怎么做。想表现，本无错，但又总是惹恼老员工，工作努力但又不能及时得到肯定。

由于入职伊始的期望值过高，因此，现实的问题也很容易挫伤小张的积极性。在这个阶段，老板除了要学会保护新员工的积极性外，还要提供新人技能系统培训和思维认知培训。培训的内容不需要太复杂，每天晨会上就员工遇到的问题进行解答、给予帮助就足够了，让新员工能够有目的的学习，培养新人遇到问题知道如何解决，同时要建立奖励机制，这个机制不仅对新员工有用，对老员工也有用。在这里，我对中小企业和初创公司的思想意识培训和激励机制重点给予以下几点建议。

意识形态培训：

(1) 直接从部门或者跨部门挑选标杆业务员作为培训师，培训内容不至于脱离实际，容易引起共鸣。

(2) 培训时多以交流为主，业务技巧不能少，但更多的是做多角度思维和思想意识方面的交流。因此，挑选的培训师要有思想深度和语言组织能力。培训内容以职业规划、个人激励和团队打造为主，通过交流激发团队成员的斗志。

(3) 培训时每次交流时间不宜过长，交流的主题也不宜过多，1~2个主题最佳。最好让老员工也一起参与，让他们和新员工一起上课，这样不仅可以增进新老员工的交流，还可以给老员工带来新的刺激，又能让新老员工互相促进激励。

激励机制建议：

（1）主管一定要鼓励新员工积极发言，无论他们的建议是对还是错，都要鼓励他们发挥创造力和积极性。这里就包括新员工的建议和大胆想法，这些行为不应“扼杀”，即使建议是错的也不要当面指责，要给予一定方式的奖励，如口头表扬、积分、小奖品等。

（2）利用现代通信工具，如微信等，每天奖励员工潜在贡献和实地贡献。特别要注意的是，这里面尤其要奖励那些对新员工关心、传授业务技巧的老员工，在团队配合方面做得出色的员工。该奖励可以是红包奖金、语言赞美精神鼓励，或者积分月底奖励，作为提升的考核标准。

第四，亲情互动。

现在进入企业的新员工基本上都是“90后”，由于出生环境和生活条件相对优越，大多数人没有后顾之忧，所以个性都比较强。一份工作说不做就不做了；想请假时，如果主管不批假，马上就给脸色、辞职走人。

2014年，小李大学毕业进入某饮品公司，由于当时正值销售旺季，小李连续工作了一个月都没有休息，于是他提出休假。主管当时没有批准，他第二天就提出辞职，辞职报告的内容让人哭笑不得。因此，对待这些新人一方面要严格，要严得合情合理并符合年轻人的心理，除了要保证正常的休息外；另一方面要多举办一些亲情活动，比如鼓励小团队作战，安排两人一组工作，或者经常组织聚会，或者关注他们的生日等，营造良好的公司文化氛围留住新人。

（二）迷茫期管理策略

迷茫期表现最突出的就是低愿望低能力，比如，小赵比小张早到公司10天，小赵与小张相比，显得老练一些，开会时不会轻易发表幼稚的言论，只要领导不点名要求，他也不会主动提出意见和建议。在业务上，小赵比小张熟练，业绩不好也不坏，不靠前也不靠后，干活能不冲第一就不冲第一，这就是小赵的工作状态。其实，小赵最初也像小张一样经历过新人的激情期，但是在工作一周后，小赵突然意识到理想与现实的距离。

首先，小赵觉得自己是个大学生，从事的工作与学历不匹配。其次，业务上越发懈怠，上班不到15天，很多问题都暴露出来了，每天抓不住工作的关键和重点，“胡子眉毛一把抓”，什么都没有做好。与客户沟通的技巧也不灵活，对问题考虑不周，经常被客户的话语所迷惑，导致小赵每天工作心不在焉。

这个阶段往往也是新人辞职的高峰期，主管经理要及时发现并给予心理安抚，虽然新人还不是提拔的对象，出现这种情况很多时候不是新人的错，是公司对新人的关心度和工作方法引导不够。但是如何留住新人，并消除他们的消极情绪，我认为要从心理上多下功夫。

前面兴奋期的对策中说过，新员工入职一周或者两周，公司应该及时安排技能和思想意识培训，帮他们指出如何找到工作重点，与客户沟通的一些注意事项等，多交流实用并符合公司实际工作的课程，同时也让他们感受到自己是被重视培养的一批人。

（三）恐慌期管理对策

新人进入企业磨合30天左右，出现恐慌也是正常现象，说明业务员比较在乎企业或者珍惜这份工作，不想因为能力问题或者没做好工作，抑或没有成绩而被淘汰，从而产生危机感或者不安全感。这种危机感或不安全感短期内适当存在会促进内部竞争，但是如果超出了新人的承受范围，就会影响大家的工作激情，不利于企业的人才培养。

第一，及时谈心。

作为部门主管经理，应该及早发现新人的恐慌心理，知道提前防备，有针对性地谈心，进行心理疏导。

第二，细化目标任务。

如果因为考核的目标过高导致新人的心理恐慌，要观察老业务员和新业务员的反应。目标任务细化，分解成单个细小任务，并指导新业务员如何完成，必要时安排有经验的熟手帮助。比如，帮助完成销售任务或者拜访开发客户等，以此增强新人的信心，克服恐惧心理或者改善低落情绪。

第三，月底小聚会。

前面提到过，新人的恐慌心理一般都出现在进入企业工作 25 天左右，正好是常规试用期的一半。在这个阶段，部门主管要主动组织小范围新老业务员聚餐，有利于交流沟通、释放压力。主管借机与大家交流，给大家讲当时自己进入公司后多长时间有过什么样的心理等，后来自己是怎么处理、怎么度过的，拉近新人与主管之间的距离，让新人感到很亲切，并快速融入公司文化及公司环境。

（四）融入期管理对策

融入期的管理，主要是及时发现员工的心理问题，以及进一步培养自信心。

“新员工是被老员工带坏的，也是被老员工赶走的。”这句话并非说老员工怎么坏，而是在同一个环境中，同是员工，因为加入的时间不同、位置不同，所持观点和所站角度就不一样，难免会有部分老员工会发泄以往的积怨，或有意防备新员工对自己的工作造成竞争和威胁，从而故意给新员工讲企业坏话、泼冷水。

如果部门主管不关注、不重视这些细节，不能及时了解新员工的心理状况，以及新员工在企业初期的发展状况，认为新人进入公司融入期就一定会留下来，这样就会犯下大错误，就会全盘皆输。

小杜的经历

2013 年 6 月，小杜要大学毕业了，于是提前应聘到 × ×公司做销售员。第一天，公司对他进行了简单的培训，第二天就正式上班，试用期 60 天。

当时能进入 × ×公司做销售员，小杜开始特别高兴，工作没几天就迷茫了，这时主管给予了他帮助和鼓励，说一定要好好做，等过完试用期如果表现优秀，就让他负责某区域。当时感觉领导特别好，可是就在试用期快结束时，有两位老同事不约而同地给他传话，说试用期满了主管让他去一个边远的县城，于是他就怀疑主管刚开始找他说过的话，这让他特别失落，于是第二天就装病请假了，甚至想辞职。

第三天的晨会结束后，小杜被他的部门经理叫到办公室，本来就情绪有些低落的他，越发感到了紧张和不安，预感有不好的事情要发生。就在小杜忐忑不安时，部门经理说话了："小杜啊，我找你没有别的事，看你紧张的，我找你就是想了解一下，你昨天请假说是生病了，是真的生病了吗？"看着经理在关心自己，小杜只好如实交代请假原因，也被经理狠狠地教育了一顿，可是在走出办公室的那一刻，小杜的心情特别轻松。

从那以后，小杜在××公司一做就是4年，如今他已是华北某省级经理。他心里非常清楚，如果当时没有那位部门经理的安慰、鼓励、信任和严厉批评教育，就不会有他的今天。

（五）舒服期管理对策

在新人刚进入舒服期时，主管的一切举动都会影响到他们，也许他们并没有做出任何反应，但是已经感受到了主管的影响，建议采取以下对策。

第一，树立新的目标。

目前，企业新进的员工大多是"90后"或者"00后"，因为成长的环境和20世纪70年代、80年代不一样，他们聪明、比较自我、说话率直，因此，当进入企业的新人在磨合到50天左右，即将转成正式员工时，他们对工作熟悉程度虽然不断加深，但是部门主管不能放松对新人的关心，避免他们在工作中减少动力与激情。在这个阶段，部门主管要从工作和生活两个方面帮助、引导他们，使他们在工作中不断努力、不断坚持，朝着自己新的目标继续前进。

寻找生活中的故事，以此拉近感情。分享你的工作心得，目的是不断地给他们加油。留出一些职位上的空缺，帮他们分析目前的优势、需要巩固的地方等，告诉他们有空缺的职位，看谁能靠实力争取到，以此来激励他们，适当施压并鼓励他们坚持就是胜利。

第二，时时传授新东西。

主管经理必须时刻关注员工转折期的心理活动和日常表现。因为每个人年轻时都会心高气盛、理想远大，特别是在一个企业工作一段时间后，当一切都熟悉了，往往会认为这项工作没什么大不了的。这时候最容易出现的状况就是跳槽寻找新的东家，或认为领导就这水平还不如自己，开始与领导争执、顶撞，固执地只按自己的立场和理解方式衡量做事，不计行为后果。

部门主管必须及时“敲打”，给予鼓励改进，同时要在这一时期给员工不断增加新的知识，如冲突论和R2C、TPS系统商战等。即便很多东西他们暂时用不着或者不会用，也要让他们感觉到无论是企业或领导，总是在不断学习和教给他们各种知识及专业技术，从而吸引他们的好奇心。在这个阶段，部门经理最该做的管理工作就是想办法扭转他们的心理不成熟和冲动时的妄想，因为“天下没有不好的兵，只有不会带兵的帅”。

销售员阿杰

阿杰大学毕业到某公司上班转正后不到1个月，人事主管通过部门经理、带队主管、客户和5名业务同事问询后反映，他的表现就处于舒服期的状态。由于阿杰在转正前受客户喜爱，客户还经常赞美他的服务好、特别勤快，在转正后他就有点骄傲，服务也没有前期那么好了，订单也没有前期多了，工作也没有前期认真。

在这种情况下，他的部门经理在晨会后，专门抽出时间与他一起到他服务的客户和拜访区域内一线市场终端走访，在正常工作检查中，这位部门经理给他指出一些不该出现的问题。

部门主管经理的这一举动，着实给阿杰提了一个醒儿，这是阿杰没有想到的。从那天以后，阿杰对工作的态度有了很大的转变，工作也很积极，人也变得很精神。后来他对主管说：“如果没有部门经理那次提醒和实践指导，我可能就辞职了，可能一辈子都不知道到底缺少了什么。”

第三节 企业如何降低员工离职率

这是一个老话题，各位 HR 和老板“八仙过海，各显神通”，想必用过不少招数。只要说到企业管理、企业经营，总是离不开这些老话题。2017 年 7 月，应糖烟酒周刊的邀请，我在华糖小课堂上分享了这个话题。短短 1 天，点击率过万，这样的阅读收听率出乎我的预料。其实，说来说去还是人员难管理，这也说明企业管理还是要从常规的基础管理做起。这里我分享如何留住老员工的五个关键和六个方法。

一、管理留人的五个关键

（一）关键一：建立公正公平的制度

公平公正的管理制度规范是企业通向未来和开启财富的“金钥匙”。现在企业其实不缺乏制度，中小企业或者稍具规模的企业也一样，问题之一是没有做到公平公正。比如，主管可以迟到员工却不能，亲戚可以犯错其他人却不行等，这些都是企业留不住人才，慢慢就筑造了企业毒素滋生的土壤。要想把企业做好、做大、做强，的确需要规范的制度，但绝不是你崇拜别人的制度，而是适合自身企业发展的规章和制度、简单易操作的制度，包括日常考勤制度、岗位用人制度、晋升制度等，真正执行下去能快速产生效益的制度，而不是挂在墙上、埋在文档堆里没有“呼吸”的制度。

各种制度及其表格，要根据企业自身的实际条件、实际情况制定，不要太复杂，要简单明了、浅显易懂，越简单越有力量。通过这种工作把各自的岗位工作内容，以及向谁汇报工作，承担什么样的责任等进行重点描述，责任要区分清楚。

特别提醒：这些制度规范必须公平公正，适用对象谁也没有特权。我想这一点要求，在初创经销商和初创企业中应该体会最深，刚开始因为没有实力、没有基础、没有品牌，招聘人员特别困难，于是基本上都用自己家的亲戚，在很多问题出现后因为不好处理或者处理不公平，导致其他员工怨言一大堆，甚至把核心人员吓跑了。

（二）关键二：相互信任

诚信是通往财富的敲门砖，也是决定企业成长的试金石。企业用人要根据岗位适当放权，比如，当你把一项工作交给员工时，你应该相信他的能力，相信他能把工作做好，多关注结果，少干预过程。

有一家企业，老板曾经是业务出身，销售能力绝对是“一把手”，做事能力也是“一把手”，但是不会管理，在这几年大环境不好的情况下，企业差点破产，老板非常着急。于是聘请崔经理到他的企业当销售总监，老板也给了他一定的授权，但是在营销过程中老板什么都插手，总想着事必躬亲，这让崔经理感觉很不舒服，觉得老板不信任他，做了不到 3 个月就辞职了。

当你信任一个人的时候，其实对方在心中会产生责任感，有一种无形的力量推动着他，这种力量催生员工产生一种强烈的责任感，把事情做好来回报企业。如果老板不相信员工，授权了还什么事情都干预，总是担心员工做不好，那么这个企业的员工就会慢慢失去做事的主动性和积极性。管理者只需要告诉所要的结果、执行什么标准，再给予员工授权后，老板只需关注结果，不要干预过程，要给予员工试错的机会，看结果说话。因为营销试错永远是企业创新和增强活力的源泉，不放权、不试错的企业永远做不大，也做不强。

（三）关键三：主动走进员工心里

都说距离产生美，可是在企业里，老板或者主管与员工的距离如果太远了，那就没有美可言了。比如，有些老板或者主管，有意与员工拉开距离，认为我是老板、我是主管，没有必要与员工走那么近，用各种高傲的姿态与员工拉开很大的距离。试问一下，你都不关心员工，员工怎么能够铁了心跟着企业成长？其实，老板或者主管，要随时关心员工的生活和工作。

老板或者主管要经常和员工进行近距离的交流，多听取员工对公司发展的意见和建议，以及员工近期的一些工作想法，把这些意见、建议看法集中给予回答，给出一些公司的看法和解决方法，多关心员工在生活或者工作中遇到的问题或者困惑。帮助员工解决问题，打消顾虑，要让员工感觉到公司是生活和工作中的强大后盾。这样一来，员工就会增加对公司和老板的信任度，让自己随时保持工作的激情，工作效率自然就能提高。

（四）关键四：允许员工犯错误

海底捞的服务做得很好，如果你看过海底捞的故事不难发现，海底捞一方面不断征询员工建议，对员工建议、意见不断试错；另一方面就探索出来的新点子给予建议人重奖，过程中的小错误忽略不计。就是这样一个简单的动作，很多大企业都在学，但是都学不会，为什么？是这些企业的制度不好吗？不是。是制度不完善吗？也不是。是管理人员的水平不高吗？更不是。是这些企业的各项制度都太完善了，对每一个行为动作都有严格的框架限制，导致很多人不敢去创新和突破，只要去探索就有可能会违规，导致所有人都是按照制度办事，表面上看着很规范，实际在很大程度上制约了企业的发展。

企业的老板或者部门主管，在发现问题时，要及时过问和做出响应，不要等员工一次又一次提出还是得不到解决，这样会挫伤员工的积极性。在发现有问题时，要帮助员工找出问题出在哪里，该严格的必须严格。你对他严格时，要有理有据，让他知道错在哪里，这样他不但不会埋怨还会感激你。你不严格就是在纵容员工犯错，既严格，又能以理服人，解决员工迫切需要解决的困惑，才能提高工作效益，把员工留住。

（五）关键五：奖励要及时并适时兑现

企业对员工的处罚要及时，给予员工的奖励也要及时。很多企业的做法值得我们借鉴，比如，在最传统的拜访、铺货、陈列等活动中，第一个做好的立马上传照片，主管经理会在微信群里根据业务员现场及时回馈的图片，综合对比后及时给予红包激励。

这样做，一是可以激发团队的斗志，增强员工积极性；二是其他没有拿到红包的员工也会积极主动争取，反馈工作结果。如果不论功行赏，员工的主动性和积极性就会大打折扣。员工努力工作，老板给予娱乐互动，大红包现场奖励，这些都是实实在在的，员工看的非常清楚，正常的工资奖励晋升等也要按时发放到位。

二、管理留人的六个办法

（一）方法一：了解离职原因

初创中小企业，不仅招人难，留住人更难。作为老板或者主管，要留住人，就要找到员工离职的原因，把工作一个月、半年、一年、三年、五年甚至以上都离职的，通过询问专业人士或者同行业朋友，以及对从自己企业离职的人员回访，查找离职原因并归类，为企业招人、留人提供参考，然后知晓在各个阶段应该做些什么，才能更好地留住人才。

（二）方法二：试用期内留人办法

试用期内的员工离职的原因，也许你会说像马云说的那样，是钱给的不够多，这样下断论也不对。多少是多，这是没有标准的，特别是对“90 后”的新人，他们对企业工作环境中的一点不如意就可能果断离职，在很多时候都不是钱给的不够多的问题。试用期员工离职最多的原因有两个。

一是员工感觉与期望值偏差太大。最好的解决方法就是在新人入职前做好岗前培训，如实阐述企业现状，以及短期内员工在工作中可能会遇到哪些问题，给予提前指导。等员工真正工作后，真实感受到的事实与前期公司给予的指导和说法相近，甚至得到的预期还超过员工体会到的期望值，员工就会更相信公司。

二是公司承诺不兑现。这一点很致命，很多企业因为各种条件限制，怕招不到人，于是就夸大企业的各种事实，包括工作待遇、工作环境等，随意承诺，最后却不兑现，导致员工批量性离职。

（三）方法三：1 年期留人办法

一个人到一家企业工作超过 1 年离职的，主要原因都不是薪资待遇，而是主管领导的方式方法及自身魅力出了问题。很多情况都是业务员进步了，在这个阶段的主管没有进步。如果是薪资待遇问题或者是工作环境问题，基本上都在试用期就走人了。

小路在2008年3月进入某公司做业务员，由于比较好学、做事认真勤奋，他的主管也比较喜欢他，什么事都会交给他去完成。小路也从来不推拖，认为是锻炼自己的好机会，可是1年后，小路觉得主管思想老化，自己的建议总是得不到采纳，这让小路很郁闷。于是小路就找到主管的上司姚经理谈了自己的想法，还有辞职的想法，但是在姚经理的开导下，小路还是留了下来，后来姚经理也发现小路的主管的确能力不足、指导不到位。

因此，在这个时间段，企业有必要给予员工与直接主管或者部门主管甚至企业老板直接互动的双向交流机会，及时发现问题和解决问题。老板要对部门主管经理提出必要的要求，甚至要签订军令责任状。如果是领导没有关心员工，或者是员工进步了而主管没有进步，抑或没有及时在政策内解决员工关心的问题而导致员工流失，老板就要对其进行严厉的问责。在上述案例中，如果不是小路主动找姚经理谈心，或者姚经理没有认真听取小路的倾诉并加以挽留，小路可能就真的辞职了。

（四）方法四：3年期留人办法

在一个企业工作满3年或者超过3年，这样的员工对企业的产品、企业文化、人文关系、工作流程和部门工作对接等已经非常熟悉了，已经有了一定的业务技能和营销经验，部分员工会有离职换岗的想法，找一个要么是比原来企业好的单位，要么是给予主管位置的单位，但是一般都不会轻易离职，他们知道这个阶段本来就有机会升主管。

在这个阶段离职的员工，都是与公司整体的环境氛围有关，比如，企业内部用人关系复杂，越优秀越受到排挤，想要得到晋升需要有关系，或者没有公平的竞争环境。企业老板或者主管必须建立公平公正的工作环境和人才晋升制度，除了给予合理的薪资待遇和相应的职位外，更多的要从企业的行为文化氛围层面多开展员工亲近活动，才能从根本上解决员工在这个时间段离职的问题。

（五）方法五：5 年期留人办法

销售行业，每个人的职业成长，第 1 年基本上都是兴奋的，精力充沛，做什么都有冲劲儿；第 3 年觉得有经验，想换工作；第 5 年自我感觉良好，凭着积累的业务经验，大有拿高薪的冲动。职场上 3 ~ 5 年是一个坎儿，是员工离职的高频率阶段，大部分员工如果在 3 ~ 5 年内得不到发展、没有晋升机会，企业老板或者主管就要思考了，你的平台不适应老员工发展，也不能给老员工提供高升的机会，凭什么留住老员工？本身你的企业在员工的发展晋升通道设计上就存在问题。

（六）方法六：8 年期留人办法

在一个企业工作 8 年以上的员工，如果有离职的想法，说明问题非常严重了。这个时候可能出现了两种情况：一是企业发展提供的平台远远不能满足员工的职业成长；二是员工工作麻木，对工作失去新鲜感，每天做重复的工作，往上走没希望。

卢老板是做餐饮的，到 2017 年 5 月整整做了 12 年了，经营着 8 家连锁门店。当初应聘做服务员的高 ×，由于勤奋好学、刻苦努力，很快当上一家餐厅的领导，一路做到店长的职位。2017 年 7 月，卢老板做出了一个决定，设置了两个新的副总经理岗位。其中，高 × 负责四个门店的经营管理，另外四个门店交给常经理管理。卢老板自己从经营管理中解脱出来，以此来留住两位跟着他一起打拼了 12 年的员工。

所以，企业对待这个时期的员工，一定要特设一些岗位，哪怕是虚拟岗位也行，让其到新的岗位上，必要时采取轮岗或者挂职锻炼的游走模式，给员工制造新鲜感，以此来体现企业对老员工的关心及留人的诚意，这才是企业主管或者人力主管的工作重点。

第四节　企业如何留住核心人才

一、核心人才是镇店之宝

核心人才管理，是企业的镇店之宝，更是企业的财富。因此，企业老板们都在绞尽脑汁留住核心员工。但是，行业中有太多的极具诱惑的优质资源，企业的优秀员工或者核心员工，很多时候因为个人职业发展选择好的平台，也不是企业老板说想留员工就能留住的。其实，在一个企业中，员工离职是正常现象，特别是初创公司和中小企业，这种现象尤其突出。无论什么原因，核心人才的流失对企业来说都是一场灾难。

我的一个同学，大学毕业后在北京创业做工程技术，虽然公司不大但发展很快。2013 年春节后准备大干一场，风风火火落实年前制订的宏伟计划，想着如果人手不够，就从竞争对手那里挖两个员工补充队伍力量。上班第 2 天，一个消息让我的同学大惊失色，他的三个核心技术人员想走。我的同学当晚设宴找员工谈话，席间连敬员工三杯酒，借着酒精的刺激和醉意，给大家仔细地讲述了公司从创业初期一路走来的发展故事，以及未来的规划，并当着大家说有什么要求和需要都可以提出来，只要公司能做到、能满足的，都会想办法满足。公司借此极力挽留核心人才，那天晚上我的同学还单独找两位技术人员谈话。

其实，我同学的故事，正在各行各业中小企业、初创公司或者企业发展停滞不前时普遍上演。作为企业老板或者主管，时时刻刻都紧张不安，特别是旧商业面对新商业到来或者招聘旺季，生怕自己的业务骨干流失。有时候你想着“挖”其他公司的人才时，你的人才也可能正被其他公司“挖”。如何避免你的人才不被人家“挖”走，需要做些什么，怎样才能更好地留住核心人才？

二、什么样的人才最容易被挖走

根据我做人事经理 8 年的管理经验，无论企业大小，以下 4 种实战型人才最容易被猎头公司或者竞争对手盯上，因此，也就成了被“挖”的重点对象。

（1）有从业经验，行业内名声在外的明星主管和骨干。

（2）企业内专业领域名声在外的一线专业技术人才。

（3）相比竞争对手有独特带队优势的团队主管和业务骨干。

（4）有多年管理经验，紧跟潮流时尚的管理经理。

三、防范核心人才被“挖”的 5 个关键点

（一）对异常情况的高度感应

企业老板或者管理者，要对企业的一些异常现象有高度的职业敏感性。一般来讲，员工准备跳槽或者离职之前都会有异常表现。比如，从来很少请假的员工突然请假；从来不提出休息的员工突然提出要休息；正常假期已到、休息时间已满，突然要求续期；平时爱争论的员工突然变得温和；绩效优秀或者绩效特别突出的员工突然变得平庸、爱迟到；员工之间议论谁家工作好、工资待遇高……有这些异常现象出现时，要及时采取措施。

（二）培养核心人员跟着公司成长

企业的人才结构，首先要保持 70% 的稳定，允许 30% 的流动。然后在 70% 的稳定人员中，至少要保持 10% ~20% 的核心人员。按常规来讲，企业中的核心员工一般都经过多年摸爬滚打成长起来的职场人士，除了那些显性的报酬待遇外，核心员工职业生涯的发展往往被企业领导忽略，很多经销商和中小企业核心员工的流失都在此列。

很多时候不是跟随你很多年的员工不忠心，而是你的平台已经不适应员工成长了，但是你还没有意识到，等核心人才流失了，你还会说一句“没良心”。企业主管，应该主动承担核心员工跟着公司成长发展的

责任，这样员工认为在这个平台上会有很好的发展，该得到尊重的都能得到，给他们一个安心的职业发展环境。

（三）不要用金钱控制人才

用金钱控制人才，越控制越有问题。这句话有两个层面的含义：一是用高薪留住人；二是想尽各种方法扣留员工薪资或者拖延发放员工薪资、差旅费等。第一个做法我就不多说了，大家都是明白人，我想说的是后者。一般来讲，员工在解决了温饱问题后，都希望在自己的专业领域有所建树，除了在公司有影响力外，还希望在行业内也有影响力。一是对自己的职业发展是一种尊重；二是对提升企业的品牌形象和行业地位都是非常好的事情。

对于如何留住核心员工，期权、股权都太遥远，企业应该创造环境、改善环境，创造平台、优化平台，以此来留住核心人才。在企业不足以让员工施展拳脚时，用控制的方法留人都是最低级的做法，要勇于让那些想走的核心员工走出去，树立企业在行业中的品牌形象。你可能会说，这样做会暴露核心人才的信息，也会暴露企业的弱点。其实，想一想今天是什么时代，不远的未来又将是什么样的，用控制手段能留住核心人员吗？留不住，即使你不主动走出去，猎头也能到你的企业“挖”人，猎头对你企业的核心人才也许比你这位老板，甚至你们的人力资源部都还要清楚。

在互联网信息满天飞的时代，对员工的定位、打卡、刷脸都是一种迫不得已、不近人情的管理，物理屏蔽其实基本无效，企业唯有建立起心灵屏障，给予核心员工随时施展拳脚的舞台及职业成长的暖心环境，方能留住核心人才。

（四）加深员工与企业的情感互动

企业与员工之间的情感互动，其实就是企业文化互动。那么，企业文化是什么？很多人好像都没有弄清楚。有人说是企业墙上的各种标语，有人说是企业宗旨、企业理念等，这些东西对于大多数员工来说根本就没有感觉，至于怎么解说是老板的事情。其实，能让员工体会到或者亲自感觉到的企业活动，就是最好的企业文化。

企业不分大小，既然改变不了外界的原因，就应该多从自身找原因，防止核心人才被“挖”，切记不可采取“以其人之道，还治其人之身”的做法，这是损人不利己的事。

（五）绩效考核的目标要清晰

很多时候，我们都会被一些复杂的事情弄懵了，比如，1 加 1 明明等于2，这么简单的问题就是不敢回答。出于职业需要，我在培训课上经常会问一些简单的问题，比如，1 加 1 等于几？场内几百人硬是没人敢回答，结果一个小孩儿站起来说：“2。”大家还齐刷刷地把目光射向小孩子，搞得小孩子像犯了多大错误似的。

企业绩效考核管理没有明确的、可测量的绩效目标，或者是模棱两可的目标，结果都是怨言，诉苦企业主管不公平，核心员工对企业的认同、投入、忠诚与绩效的正面影响微乎其微。要想使核心员工的忠诚与绩效之间的联系看得见、摸得着，就必须让员工理解目标并定期进行考核。比如华为、IBM 公司的员工与管理方，都有一个共同开发使用的绩效记分板，记分板包含对整个企业，即部门岗位工作流程进行测评的一整套办法，反映了对员工真实落地行为能够施加影响的具体考核方面。很多企业也在使用这种计分板工作方式，由于记分板直观地反映出工作在各个时间段的变化，员工能够明白自己的绩效是如何影响这些变化的，以及这些变化又是如何对整个公司的业绩产生影响的，最终得出一个公平的绩效数字。

但是在现实中，大多数企业并未将信息共享放在优先地位，或者以数据是公司商业机密为借口不愿意公示。结果很多员工对公司是如何核算出来的绩效，取得什么样的收益，自己怎么样才能为公司做出更大的贡献，公司说不亏待员工是什么样的不亏待法等，只有一个笼统而模糊的概念。企业老板或者主管需要做的工作其实很简单，让核心员工更多地了解企业的运营状况，每一项工作考核的具体标准，让员工在外界和客户面前感到骄傲、自信和体面，才能实现企业和员工的双赢。

四、TPS 系统管理留人的侧重点

用 TPS 系统营销说明企业管理留住人才，需要先找准 T、P、S 三者在这个阶段所处的位置。按照企业要留住核心人才的需求，这个阶段企业的规模、历史和办公设施就是 T（环境），企业提供的智慧、薪资、福利、文化活动就是 P（产品），企业需要留住的核心人才而且还带有消费者的身份，即员工就是 S（策略）。在搞清楚这三者的基本关系后，你会发现企业留人的核心工作就清晰了。如果你想把消费者都吸引到你那里消费并且留住他们，那么就要想尽办法制造和生产出消费者喜欢或者满意的产品，这些产品不一定是最贵的，也不一定是便宜的，能够满足个性的消费才是最好的。

第十章

Chapter 10

管道完善

第一节　管道功能的影响

一、管道功能的重要性

营销管道分为间接管道和直接管道，本节重点分享管道的完善，管道完善在 TPS 系统增量节奏中是既传统又新奇的营销环节之一。传统，是因为任何生产者的产品要流通，都要经过不同的管道才能到达消费者或者顾客，最终目的是实现消费。新奇，是因为管道是产品增量的重要环节，传统做法已经不奏效，需要运用新的策略才能让传统管道疯狂存量。

在 TPS 系统增量节奏中，管道属于环境分析，与人才管理相同，都是产品增量的基石。本章将重点从管道的重要作用、产品需要什么样的管道、我们期望的管道与当前管道存在的冲突矛盾、如何利用 TPS 系统策略来解决、完善传统管道后疯狂存量的案例的五个方面与大家分享一下，进一步了解这个新的营销增量系统。

二、正向功能影响

营销管道在执行营销活动时，其表现出来的流程方向常规是从上到下、从前到后，朝着正方向移动和转移，包括所有权、促销、实体等的转移和移动流程。比如，原材料流程区向转移，一车石头从 A 公司送达 B 公司，B 公司把石头加工成生石灰运送到个体户处，这就属于实体正向流程功能；所有开发和传播有关产品，说服客户购买的沟通场景和材料，属于促销正向流程功能。

三、反向功能影响

反向功能正好与正向功能相反，也就是营销管道在执行组织活动时，表现出来的流程方向是从下到上、从右到左，朝着反方向移动和转移。隐性流动强度和速度比正向功能强烈、快速，包括授信、订货、回款等转移和移动流程。比如，客户要买产品，就要向上一个起点交钱，这个功能的流向就是从下往上反方向流动的，这就属于回款反向流程功能。

四、双向功能影响

营销管道活动流程功能，无论是直接管道还是间接管道，抑或是隐形管道，除了正向流程功能和反向流程功能外，还有一些功能流程表现出来的去向是相互影响、双向移动的，包括服务、沟通、谈判、筹资、融资、信息、风险、配合等转移和移动流程，都是互向移动的。比如，为了转移或者移动所供货物的所有权，双方运输方式、承运价格及有关条件达成最后共识的合作协议，执行这个营销组织活动的功能流程就是相互影响的，这就属于谈判双向流程功能。

第二节　管道功能的特质

一、不同消费形式构成的两种管道特性

现在很多人都说传统营销过时了，我觉得不是传统营销过时了，而是我们没有真正弄清楚营销管道的功能和特点。如果说传统营销过时了，就意味着在营销过程中的管道功能过时，不再具备原来的特点。事实上，无论你怎么调换营销概念的说法，营销管道的功能和特点始终没有变。

由于个人消费者与生产性团体用户消费的主要商品的不断变化及需求不同，营销活动中消费者前来消费的目的与购买特点等具有差异性，这在客观上使企业的销售管道构成还是以两种

最基本的模式存在。一种是企业对生产性团体用户的销售管道模式；另一种是企业对个人消费者的销售管道模式。比如，企业对生产性团体用户的销售管道功能流程有：生产者—代理商—批发商—零售商—用户、生产者—批发商—零售商—用户、生产者—批发商—用户、生产者—零售商—用户、生产者—用户。企业对个人消费者销售管道功能路程有：生产者—代理商—批发商—零售商—消费者、生产者—代理商—零售商—消费者、生产者—批发商—零售商—消费者、生产者—零售商—消费者、生产者—消费者。

当前所说的新的营销体系、营销模式，都是适应新的消费变化而产生的，但最终还是在这两种模式之间互换。TPS 系统增量节奏同样离不开营销管道的功能及每个功能的特质，只有在认真了解管道功能特质的基础上，才能知道如何使增量节奏加快，实现系统增量效益最大化。

二、管道的地域性

由于时间、空间和地理位置不同，每个地区消费者的生活习惯不

同，购物习惯也不同；每个企业、每一款产品因每一个地区的分销管道都具有本地的特征。于是神奇的营销策略就印上了当地人消费文化的烙印。比如，娃哈哈的番石榴汁在广东、广西比较受欢迎，到了北方市场就不行；娃哈哈水晶葡萄汁在贵州等地比较受欢迎，到西北市场的表现就不如意。北京、上海、杭州等地的人购物喜欢去便利连锁超市，因为便利超市购物方便，环境好、产品质量有保障，所以北京、上海、杭州的连锁超市非常发达。河南省郑州市就不一样，因为交通出行等影响，郑州人比较喜欢平民化生活，购物喜欢去早市、夜市，甚至喜欢在楼下、街边、小巷中的 BC 店里买东西，所以郑州市的夫妻店特别多。

三、管道的不兼容性

在营销管道的不同类型中，有些管道类型独特、地源稀缺，如果被某个企业、某个品牌产品抢先占领，其他企业或者品牌就很难进入，就被排斥到该管道的门外。比如，飞机场的专卖店、特产超市等零售门市，这就是特殊管道，称为“特殊通道”或者叫作“特渠”。每个月会消耗大量的土特产、香烟、工艺品、纪念品等，就是一个非常典型也特别个性的大客户。如果土特产礼盒有“贵州土八件”、腊肉有了“贵味源”、味精有了“莲花”……其他品牌要进来就非常难，即使进入也要费很大周折或者缴一笔不菲的入场费。像这种管道还有很多，比如旅游景区、高铁站、高速服务区、校园、小区楼中快送等，这些管道的不兼容性即排他性，决定了企业必须抢先占领一些比较稀缺的优质管道和特殊管道，以获得行业中的竞争优势和独占地位。

四、管道的独特性

说到管道功能的独特性，我列举几个品牌，基本上就可以了解个大概。对于太古可口可乐管道“101”模式、康师傅管道的通路精耕、娃哈哈公司管道“联销体”和“二套网络”、海尔电器直营、联想管道的“1+1”、格力股份的“格力区域股份”，还有新兴的京东配送，菜鸟物流、顺丰物流等，这些品牌管道的独特性都代表着每一个企业的管道网络服务与其他企业的管道网络服务的不同，甚至每一个地区的管道网络结构都和其他地区的管道网络结构存在差异，而且每一个品牌的管道模式都有其不同的特征。

五、管道的不可复制性

读者看到这里，应该明白真正成功的样板市场为什么不好复制，一复制就出问题的原因了吧。本书一开篇就说了打造可复制标杆市场的几大关键步骤，而且重点分享了环境分析。因为环境本身就具有不可复制性，管道存在于环境中，更加决定了管道的不可复制性，或者叫作不可替代性。所以，我一直认为移动互联网不可能打败实体门店这个载体，这是由于不同环境中不同管道的地域独特性决定的。

我强调过标杆市场的打造技术要高于样板市场，真正的标杆市场既有样板市场又有根据地市场指挥系统，特别是可复制标杆市场的打造，营销技术难度比任何样板市场的打造都难。但是根据我多年市场实战试错实践经验，总结出可复制标杆市场的打造只要按照TPS系统的步骤去做，打造出来的标杆市场，即样板市场才能有效复制。

这里需要注意的是，已经打造出来的标杆市场或者样板市场，最后总结成功的所有的营销管道活动方法，都只能作为“母本”，你准备复制到哪里，哪里的市场环境就是“父本”。如果没有分析透彻“父本”，千万不要复制，除非企业的资源多得没地方投放。因为真正成功的样板是不能复制的，需要进行“嫁接”。

任何一个企业要想取得同样的成功，目标市场管道网络的建设必须从头开始，一步一步地构建，没有快捷方式。在如何用TPS系统打造可复制标杆部分，专门给大家分享的三个确定中，就说明了目标市场的确定。因为管道不像产品那样可以大规模生产和复制，具有唯一性，这就决定了管道建设和管道完善的复杂性和艰巨性。

不同地域环境承载着不同的管道，不同的管道又有着不同的功能。即使在某个地域某个管道已经成功的营销活动，也不要草率复制，除非你对环境非常了解。

第三节　理想管道是什么样的

一、短平快的管道

在对商品进行营销计划时，一般要预先选择、规划适合商品销售的通路。由于各种商品的自然属性不同、功用不同，比如商品的性质、商品的时尚、商品的标准化程度、服务商品的流程、商品价值大小，预估商品寿命、市场周期等，对该商品选用的销售管道也不相同。常规的选择有直接管道和间接管道、长管道和短管道、宽管道和窄管道，单一销售管道和多销售管道、传统销售管道和垂直销售管道。

理想中的管道是什么样的呢?

刘老板借道

刘老板以前是做房地产的，生意不太大，最近几年国家宏观调控，房地产生意不好做了，于是刘老板跨行投资了一个食品公司。在2015年3月12日正式投产销售，这一天正好是植树节，刘老板希望企业茁壮成长，基业长青。接下来刘老板就从娃哈哈、农夫、可口可乐、康师傅等饮品企业“挖”人，专门挑做过5~6年和2~3年的员工，目的是这些业务员手中都有现成的管道，不需要进行人才培养，成本低，建网速度快。

一开始效果还是不错的，开发客户的速度比较快，每家首次发货500~1000件，都快速地铺到市场上，这让刘老板非常高兴，觉得做食品销售太简单了，于是继续招兵买马加快了全国推进速度和生产进度。3个月很快过去了，刘老板感觉前面开发出来的客户二次提货的很少，大部分都没有二次提货，同时新开发的客户数量明显没有前面速度快，而且一天天锐减，业务员报上来的已经签订合作协议的，很多都没有回款，仓库中的库存产品生产日期越来越老，让刘老板感觉到事情不妙，赶紧到市场亲自去拜访了客户。

业务员把客户开发出来后，由于公司没有连环的促销活动和动销活动，自己的产品基本上都在门店里“睡觉”，根本就没有消化。已经合作的客户都不敢再进货，随之而来的是业务员要促销，客户要求退货。刘老板看着仓库里还有将近200万元的成品库存，有些傻眼了，紧接着员工离职，更是让刘老板措手不及，到2016年4月，刘老板不得不把食品厂子卖掉了。

这个案例中，刘老板借助大厂家管道的做法迎合了大部分老板的心理，只要把大厂家的人才“挖”过来，借助大厂家的管道，没有开发不出来的管道，也没有卖不出去的产品。但是刘老板没有想到，大品牌的管道都是在大品牌的支持和全方位促销引领下，以及在多年的市场沉淀的基因基础上推动产品销售。能接收新产品：一是利润驱动；二是大品牌根本就没看在眼里，能做新产品的客户，大多数都不会主推，最多是利用终端网点赚点利差，能卖就卖，卖不好也没损失。另外，大品牌的体制都比较完善，工作制度和工作流程的分工比较细，就像服装厂的加工员，做袖口一般不会参与做领口，这就与大品牌的基层销售人员的工作基本一样，都是按部就班的。因此，我们在选择管道时，不能盲目地借用别人的管道图省事、短平快，要仔细考虑产品是否适合这些管道，自己都有哪些营销策略，还要考虑管道成本、管道利益和管道报酬等简单、直接的常用方法，最大限度地避免管道开拓失败。

二、现实中期望的最佳管道

（一）拥有全国全渠全网

网络布局覆盖全国，所有区域、所有管道都有自己的强势客户销售自己的产品。

（二）拥有区域全渠全网

自己的网络布局在某些区域全部覆盖，所有管道上都有自己的客户在说明、销售、推广自己的产品。

（三）占领全国主流管道

网络布局覆盖全国，但不是所有区域、所有管道都有自己的强势客户，而是主流管道，如流通、现代超级终端等管道上有客户在说明、销售、推广公司的产品。

（四）占领区域主流管道

网络布局覆盖某些区域，但不是所有区域、所有管道都有自己的强势客户在说明、销售、推广公司的产品。

（五）占领特殊管道

公司产品被特殊管道采购，如机场、高铁、餐饮等，或者是被专营客户采购。

（六）占领在线管道

公司产品网络布局，占领现代互联网在线主流管道，如天猫、唯品会、京东、当当等。

（七）拥有现成的管道

借用别人既有的管道网络，不需要投入成本，现成的，拿来就用。

（八）占领新兴科技管道

公司产品能占领移动互联网科技时代的人工智能管道网络。

第四节　现实管道与理想期望管道的矛盾

随着经济的发展、科技的进步、道路的通畅、产品运输方式越来越便利，缩短了制造商和中间商之间产品运输的时间，降低了成本，提高了双方的经济效益。同时，我们期望的管道与现实差距的矛盾日益突出。

一、短平快拿来的容易“短命”

由于商品属性和用途不同，不想付出成本，总想拿来就用的管道，很多时候都不适合自己，轻者维持运行，重则短暂消亡。因为你的产品可能什么都不具备，就算具备强大的品牌，也难免被市场淘汰。大家应该还记得雀巢与太古可口可乐合作卖冰爽茶饮料的营销事例吧？雀巢想借用可口可乐的管道，加上自己的品牌，想把雀巢冰爽茶卖遍中国市场的每一个角落。按道理来说也应该像可口可乐那样火，随处可以买到才对，可是结果呢？为什么很快就沉入市场，被人们遗忘，因为雀巢有做咖啡 10 多年积累的市场基因，冰爽茶却没有。

二、管道因利益导致矛盾冲突

无利不起早，矛盾均因为利益。我们总想着拥有各种管道，相互之间还没有矛盾，在现实中是没有这种理想管道的。实际上管道之间总是少不了因利益产生的矛盾冲突。比如，生产商与生产商、生产商与代理商、代理商与代理商之间的冲突，还有生产商自身与各区驻地办事处因为利益都有可能产生冲突。

三、新管道总是打败旧管道

营销策略的变化很多时候与自然选择很相似，强的打败弱的、新的打败旧的。营销运作也一样，总是有一种适合市场运作的新管道运作来取代已有的管道运作。比如，省级总经销被地级分销商取代，微信取代了 QQ 聊天，并彻底颠覆了手机短信和移动通话，智能机器取代有人值守商店等，短时间来看矛盾冲突不断，从长远来看，这种创新对营销的发展及消费者都是有利的。

四、因为冲突相互顽强成长

管道之间有冲突才正常，没有冲突就不正常。比如，中间代理商之间的窜货，一种是代理商为牟取非正常的利益恶意向非协议辖区倾销货物的恶性窜货；另一种是双方临界处或者是物流过程中非代理商恶意所为的自然窜货；还有一种是管道上网络商的产品流通性很强，货物在不乱价的情况下经常流向非协议市场的良性窜货。特别是最后一种，很多厂家会认为是被窜货区域的市场服务没有做好，这样反而有利于扩大市场。一个产品在市场上的管道之间存在的矛盾冲突越大，很多时候都是这个产品市场容量越大。因此，管道和客户完全没有矛盾冲突，说明这个市场的营销管道存在瑕疵，品牌就做不大、做不强、做不长。

五、管道冲突强度决定发展速度

当矛盾出现时，我们才更有机会判断未来的方向，营销运作过程中管道冲突的激烈程度。一是可以成为判断当前冲突双方实力的悬殊差距；二是冲突激烈程度的强弱直接检验商品的热销与否。比如，王老吉与加多宝、中国红牛与泰国红牛，表面上都是商标使用权争夺，实际上是管道的冲突，最终关系到用管道换取利益。

六、管道冲突的常见类型

常见的管道冲突有几种：第一种是不同品牌的同类产品在同一个管道上的冲突，比如，康师傅茶与统一茶、今麦郎茶三者之间在流通渠道的争夺，王老吉与加多宝在流通渠道和餐饮管道的竞争；第二种是同一品牌内部的管道冲突，比如，区域之间代理商的窜货，代理商与制造商驻地直销业务员的矛盾；第三种是管道上游与下游冲突，比如，一级代理商直接抢占辖区直属分销的市场份额。

七、管道矛盾对品牌的影响

管道冲突的强烈度超过极限就会造成负面影响，比如，某管道商如果将正品与混杂销售或者直接低价倾销非法获利，就会打击其他成员的积极性和信心；失去对管道的控制力，损害品牌形象和企业形象，直接导致销量下滑，挫伤团队战斗力；影响企业决策，扰乱公司投入规划，因而造成公司决策失误、规划失误、分析失误。

第五节　化解管道矛盾，实现销售增量的办法

一、管道优化，增加存量

销售增量的最佳办法之一就是管道管理，通过完善管道优化通路来化解管道之间的各种矛盾，实现产品持续增量销售。

Y 品牌快消品在河南省一个地级市的县城中，2003 年的销售额是 200 万元左右，2004 年的销售额是 260 万元左右，2005 年的销售额突然下降为 180 万元左右。2006 年赵经理接手后，首先，对管道进行了调整，增加了一家经销商，由原来的一家经销商增加到两家，产品分开经营，全管道配送，相互不冲突。其次，对产品的价格进行了调整，先是四处传播终端要涨价的消息，同时加大终端服务力度和拜访频率，以此来稳定终端零售价，目的是调整批发环节并稳定各级利差，对低价卖货的进行严格控制或者相应的处罚，经销商之间不允许打价格战。最后，严厉打击窜货行为，对恶意窜货扰乱市场的，对经销商要进行 5000 ~ 20000 元、业务经理 500 ~ 2000 元的处罚。经过这三大动作调整后，赵经理的业绩迅速上升，到 2006 年年底，该县的销售额做到了 276 万元，2007 年销售额达到了 528 万元，2008 年销售额达到了 787 万元。

从上述案例中我们可以看到赵经理对管道增量采取的方法。

（1）增加管道网络数量，加大市场覆盖力度，比如，该案例中经销商从一家增加到两家。

（2）分产品不分区域经营，减少原有客户业绩，化减法为加法，做 1 + 1 > 2，比如，案例中减少原有客户的任务，增加新客户的任务。

（3）加强售后服务，稳定价差，从原来单纯的利益驱动转变为共享驱动共同做大市场。

二、新策略方能化解新问题

市场环境在不断变化，任何有效的方法和营销手段都是阶段性的，不可能长期有效。

赵经理的市场随后增长开始乏力，2009 年销售额达到了 813 万元，2010 年销售额达到了 822 万元，2011 年销售额达到了 829 万元，与同期业绩勉强持平，到 2012 年公司进行了人事调整，由吴经理接管该县市场。吴经理接手后，针对产品销售业绩增长放缓、停滞不前的问题，和业务员一起迅速走访、调研市场，两家客户都说业务员很勤奋，产品销售还可以，对公司没什么意见，销售积极性也很高，只是希望不要把任务定得太高了，同时也没有发现客户有不良库存，两家客户库存加起来不到 36 万元。

另外，走访部分终端门店发现门店库存也不大，也没有发现乱价现象，除了几家门店老板反映客户送货价格有一些高外，也没有发现终端门店对客户的送货服务不满意的。吴经理对市场走访、调研的结果与业务员进行认真分析后认为，还是管道网络上有问题，决定从 3 个方面改进管道网络，打破目前的销售僵局，践行结果很好。2012 年该县的销售额业绩达到了 1016 万元，2013 年销售额达到了 1375 万元，2014 年销售额达到了 1508 万元。随后该县产品的销售业绩又开始放缓，到 2015 年销售额只达到了 1517 万元。如果你是吴经理，你会从哪些方面入手，用什么方法打破该市场产品销售停滞不前的局面呢？

在这个案例中，吴经理在总结成功经验时，与大家分享了他是如何打破销售僵局的。

（1）重新划分区域。把原来的区域一分为二，年任务不变，由原来的两家经销商分别经营服务。

（2）产品划分，化小产品为大产品。把原来两家经销商不愿意卖的产品全部划出来，再补充新产品，分配新的最低基本年任务，重新开发一家经销商全区域经营服务，第一年销售额不做重点考核，只要完成最低任务，就给予奖励，如超额完成工作，其中超额部分给予重奖。

（3）队伍调整，专人服务。原来的两家经销商由两名客户服务经理专职服务，吴经理亲自开发新客户和服务新客户。

到了 2014 年下半年，包括行业龙头的娃哈哈、蒙牛、伊利等公司，整个行业的销售业绩都在放缓，面对新消费、新零售及现代新需求的变化，市场终端全面反映出产品动销难的问题。因此，2014 年销售额达到了 1508 万元，2015 年销售额达到了 1517 万元，也能给自己的业绩放缓找一个牵强的理由。下一步吴经理怎么做才有可能扭转销售困境，如何利用 TPS 系统继续解码管道，让管道疯狂存量，业绩继续飞涨呢？

三、变压力为动力

销售无定式，唯一不变的就是变。做销售，如果市场比较稳定、产品利差好，各级批发商一般都会比较满意。但是销量上不去，一般来说公司肯定不满意，吴经理再不采取措施，恐怕就要被公司批评了。

吴经理刚接手这个市场，走访、调研时就已经发现各级经销商对前任赵经理及业务员都非常满意，原因之一就是批发商各级利差都比较好，经销商库存量也不大，经营过程中没有一点风险，整个市场处于保守经营状态。同时还发现原来两家经销商的关系非常好，加上后来开发的新客户，经营一段时间后与原来两家客户的关系也很好，其实同品牌经销商之间的关系太好了不利于业务员做好销售。一是公司对任务逼得很紧；二是做销售，业绩是王道，没有业绩就没法跟公司交代。面对销售额放缓、停滞不前，当下已经没有更好的增量办法了，在和业务员讨论、沟通及和上级领导交流后，是到该出手的时候了，吴经理决定走一步险棋。

一方面，吴经理重新设计了整个价差，经销商单件产品的利润全部下调，还做了最低利润限制。

另一方面，增加了一家经销商，主做餐饮、景区、宾馆、会所之类的特殊管道，全区域经营，不分配任务，公司特批给予月度、季度和年度重奖，以此激励新经销商积极销售产品。

四、敢于落地试错才能产生奇迹

吴经理这一招险棋的效果到底如何呢？

到 2016 年年底一算账，这个县城销售额一共达到了 2115 万元（2015 年销售额 1517 万元），净增长 598 万元，比同期增长 39.42%。三家老客户分别完成销售额 603 万元（2015 年销售额 486 万元）、712 万元（2015 年销售额 502 万元）、618 万元（2015 年销售额 529 万元），新客户销售额达到了 182 万元，基本上都超额完成了任务。虽然每件产品的利润降低了，但是销货数量比上一年增多了，整体也没少赚钱。

吴经理的这招还是在解码管道，因为在 TPS 系统中，产品基本上是恒定的，环境是不停变化的，不以任何人的意志为转移，营销策略也是变化的，比如，管道目标的选择、任务目标的制定等，都是可以人为控制的。吴经理本次采取的策略是制定条件，先放任窜货，制造不和谐的矛盾，让经销商之间相互竞争，把自己的销售额做大，把市场容量撑大，然后再打击窜货、收紧政策、稳定市场。这招欲擒故纵，一松一紧、先放后收的打法，把市场做起来了。这里特别提醒，这一招不要轻易使用，在使用之前，一定要想好怎么收，还要收得住，否则就会把市场做崩盘。

第十一章

Chapter 11

终端疏导

如果把管道和终端比作一座城市的供水排污等生活便利设施，管道就如同架设的各种系统管道，终端就如同各种管道的出口数量。维护好各个出口点及出口点的正常使用，才能保证供水排污系统的顺畅和不被超强压力把管道撑坏，科学合理地布置好出口点才能使消费者正常使用生活用水。如果出口点数量设置不合理及出口点分布选择不合理，各种管道就随时有可能遭到压力破坏，导致系统瘫痪。

第一节　终端输出点选择的原则

终端输出点过去的要求是“扫大街”，最好一个不漏，现在的要求是选择能卖自己产品的门店，而且你觉得有效的门店不一定能卖出你的产品。就像大家在铺货时，都是精心筛选后认为有效的门店，但是铺货后仍然头疼终端门店的产品不动销；或者是选择的门店数量太少不足以承载公司制定的销售任务；或者是选择的门店数量很多，但能销售的门店数量太少，导致市场上的终端门店形成疑难库存；或者是“东边日出西边不下雨”，即选择门店数量布局不合理，要么数量过于集中，要么数量过于分散，甚至是东边有输出点，西边就没有。因此，选择终端输出点的要求及数量，有以下原则需要遵循。

一、产品匹配

选择销售的门店要有自身产品的潜在顾客群，比如汽车饰品，需要选择4S店、汽车维修装饰店、饰品专柜，奶粉就要选择奶粉专卖店、商场专柜、婴幼儿用品店等适合产品销售和有消费顾客的门店投放，才能形成良好的销售。

二、价格匹配

产品选择投放到的门店里，门店里所销售的各种产品的售价要与自身产品售价基本匹配，与门店里的产品售价相比过高或者过低都不利于产品销售。比如，某个门店里所卖的产品零售价都是2元左右，你的产品零售价5~10元，那么在这个门店里你的产品一般很难形成销售。光顾这种门店的消费群体对产品的心理接受价格也就是两三元。名烟名酒店里的产品一般都是上百元的产品，如果你投放的产品零售价在1元左右，这些门店里也很难形成销售，甚至还可能造成产品滞销。要知道能光顾这些门店的消费者基本上都是高档消费人群，不会也很少购买几元的东西，再者老板也不会主动推荐你的产品，因为你的产品可能降低了该门店或者老板的档次。

业务员小李是做低端白酒的，在E县城没有她不熟悉的门店，而且客情关系也不错。后来因为某种原因辞职后进入另一家做低端休闲食品的企业，单位产品零售价不超过5元。小李凭借自己的关系，每个门店5件、10件的往下铺货，铺货相当顺利，进展速度也很快，没多久这个县城里的大小门店中都能见到她的产品。1个月时间很快过去了，这时小李发现一个现象，稍微高端的门店，虽然都是自己的老关系户，但是产品基本上都没有卖出去，老板还要求她把货拉走，反而是那些不太起眼的零食店、杂食店、副食店，她的产品卖得很好。

在这个案例中，虽然小李做的是低端酒，但是酒的售价再低也比现在卖的产品贵几倍，很多门店里销售的商品与自己的产品价位根本不匹配。因为光顾这些门店的消费群体很少购买小食品，反倒是那些不起眼的副食店、杂食店，光顾的消费群体都是冲着休闲杂食去的，小李的产品在这样的门店里销售就好。

三、潜在顾客匹配

在选择投放的门店时，需要了解这些门店的消费群里的潜在顾客群，要与自己的产品性能和接受价位匹配，这样的市场机会往往是隐形的，所用的营销手段有很大的试错成分。一旦做开了就能占领先机，形成市场主导，刺激并引来很多跟随者效仿。

2015 年，维维豆奶 240ml、售价 4 元的玻璃瓶装新产品上市，拉开了维维豆奶选择门店的新局面。我注意到，在江西省、四川省、湖南省、河南省等地，维维豆奶选择的都是中小餐饮门店，尤其是小吃店。比如，热干面店、米粉店、面馆、火锅店等，这款产品在这些门店一上市，很快就受到顾客青睐。原因：一是价格匹配，到这些门店消费，主食 6 ~ 15 元，外加 4 元，一个人一顿饭不超过 10 元或者 20 元，是大众所能接受的；二是找准了潜在顾客出没点，吃热干面、小火锅，或多或少都带点辣味，顺带喝一瓶豆奶，虽然不像凉茶那样去火，也算是补充点植物蛋白，营养均衡搭配。

四、跨界求同共赢

有些异业门店，表面上看与自己的产品没有联系，实际上只要你深入了解后，就能找到与自己产品的销售匹配之处。这种机会一旦找到，你就会拥有非常强的竞争优势，一般都会带来意想不到的商机。这样的营销事例很多，比如，节能环生产商与燃气罩生产商合作、净化器公司与装修公司合作、酱油生产商与面粉企业合作等，这些看似不相干的企业的合作，就是跨界求同、合作共赢，相互扩大商机，增加产品销售机会，打造行业竞争力。有一款叫作叫喳喳的开胃山楂饮品，由于是儿童包装，就选择孩子王这样的母婴产品门店合作，销售也不错。娃哈哈爽歪歪这款儿童饮品，河南省焦作市、济源市在2007年就选择与卖儿童服装的门店合作，一条街一个月也能销售几百件货。

五、重点通道非重点抢占

在铺市的过程中，对有些管道中的门店，从传统工作上讲是应该抢占的重点通道，比如现代终端、中大卖场，就是很多产品都要占领的重点。但是进驻产品需要缴纳商品进场费、商品条形码费、商品节庆费、厂家赞助费、专有网路使用费等费用，一般小厂家是做不起也做不好的。产品在准备进入这些门店之前，一定要考虑自身实力，大卖场虽然是产品曝光率高也有宣传效果的重点窗口，但是不是适合所有厂家、所有产品？

如果没有配套经济实力而盲目跟进，以及产品特性是否在卖场众多产品中占有优势，再加上卖场占压货款，很容易使自己变得被动或者产品出局，最后造成经济损失。因此，大卖场作为现代传统管道中的重点通道，不一定是非要选择的重点，可以采取先做流通渠道或者小区进行精耕，包围卖场，把卖场作为最后扩大领域，花最小的代价去“啃骨头”。

青海某科技研发企业，计划用三年时间上市。当时，我们作为深圳快车道管理咨询公司的代表，对该企业食用油的销售总监给予了非常明确的建议，走传统粮油系统和小区系统，不花代价占领大卖场（不需要代价或者代价很小的可以考虑进驻）。当时这位销售总监没有听取我们的建议，在2015年10月对旗下的食用油迅速进驻现代终端而对全国的商超发起攻势。比如，为了能进驻某省的某个现代终端系统，仅产品进场费这一项，该企业就直接垫付给这家大终端系统50万元（以产品抵扣），河南省郑州市一家代理商短短3个月的垫支就高达100万元。

由于品牌还没有形成影响力，铺到现代终端的产品消化并不快，投入与产出严重不成正比，当然短期效果还不错，很快在河南省郑州市、湖北省武汉市等城市的商品展示形象基本上形成了样板。但是到了2016年2月初，也就是在春节来临之际，企业还完银行的贷款后，银行却不再贷款给这家企业了。其中一家大股东也撤资了，更是雪上加霜，给了这家企业致命一击，资金链断掉，企业不能正常生产，员工薪资不能正常发放，经销商垫支不能正常兑现，企业破产了。

所以，企业在选择传统渠道中所谓的重点门店来销售产品时，有些重点门店不一定适合自己，务必结合自身实力和产品匹配度进行门店选择，防范风险于未然，千万不能盲目跟进。

六、门店数量承载产品任务

做销售的都应该明白，产品能形成多少销售额，取决于选择的管道数量、门店数量及单个门店的销量，在行业内经常会用到这个销售公式：产品的销售额 = 门店数量 × 单个门店产品销量。因此，一个产品在一个区域内能形成多大的销售额，一个是与选择合理的管道数量有关；另一个是与在相应管道的末端选择的产品输出口的数量有关。找到与自身产品销售匹配的输出口的数量越多，产品销售额自然越多，就能轻松做出好业绩。

七、终端输出点数量与管道配送商服务相匹配

在一个区域内的一个管道通路上选择几家配送商，每一个管道配送商要覆盖多大的区域，必须是以能做好产品销售周期服务进行选择布局。管道上的配送商多了，终端输出点数量少了，会造成服务过剩、资源过剩；管道商的数量少了，终端输出点的数量多了，又会造成服务不周或者根本就服务不过来，进而加剧配送商和终端输出点之间的矛盾，影响厂家的品牌形象。因此，一个管道上配送商数量的多少要与终端输出点的数量，以及产品畅销的影响程度匹配，找到一个能基本满足和服务双方的对等原则，有利于双方扩大销售。

第二节　对终端输出点管理的方法

在计算机普及、手机盛行及各种软件管理工具流行的便捷时代，要做表格管理并不难，除了开始的原始数据收集和整理相对麻烦一些外，只要对数据做好存盘，后期使用起来不仅方便，而且有利于快速提高工作效率。因此，用专业工具对终端输出点进行门店管理，无论采取哪种方法和营销手段，不管是传统的还是现代的，都是为了提高工作绩效，使产品销售最大化，为企业做出更多的销售业绩。根据我的实战经验，最有效的终端输出点门店管理技巧有：输出点类别管理、输出点路径管理、输出点划片管理、输出点销售产品习惯管理、输出点贡献管理和输出点活动备选管理。

一、输出点类别管理

2017 年国庆节期间，结识一位“85 后”的经销商。在和这位老板的交流中，得知他主要代理个性高端产品，专供餐饮管道已经有 9 年了，掌握 150 家高档酒店和饭店。他把这些输出点门店进行了不同的归类，入单待类、双待类等。进一步询问才知道他说的单待就是专门的饭店，不提供住宿的酒店；双待就是既有住宿又有专门餐饮的酒店。他把酒店分得很详细，所有客户每个月的销售额在 120 万元左右。

对输出点门店进行分类管理，有两个非常重要的作用：一是有利于提高服务效率；二是能有效增加销售绩效。在管理过程中，要根据自身企业产品或者业务涉及的管道通路来决定，最简单、最直接的归类管理首先是进行横向分类，比如传统管道、现代管道、特通管道、新兴管道及移动互联网管道等按照大类横向划分。从繁到简继续横向分类，如餐饮管道、饮品管道、土产管道、宾馆管道、医疗管道、母婴管道、养生管道、美容管道等，都是从大类中继续划分。纵向归类，从大类继续进行小分类，比如高档餐饮、中档餐饮、火锅店等，越分越细，归类后一目了然，再如，现代管道中大卖场有几家、标超有几家、小区便利店有多少等。

二、输出点路径管理

对产品流通渠道进行分类管理，只是对自身产品销售额上量的第一步，要想进一步提高在管道中拜访及送货的工作效率，必须要对输出点的路径进行合理的规划、设计管理，从而减少业务中不必要的时间浪费。比如，对大卖场的送货路径管理，有几条路可走、是否有单行道、哪里有禁行、走哪条路最近、什么时候不堵车、哪几天容易堵车，如果遇到堵车了，第二条路怎么走，可以用简单画图描绘出来存在计算机中，让送货司机熟悉。在给流通渠道门店送货时，是从近到远快，还是从远到近省；根据地形结构是西进东出方便呢，还是东进西出顺道等；甚至还要对地理地形结构的高低，对路线做好规划记录。送货时载重汽车肯定是从高处往低处走省力，只要平时花一些时间，把产品到达输出点门店的环境路径分析记录下来，就能够大大提高工作效率，为公司赢得更大的经济效益。

三、输出点划片管理

有句话叫作：“无论方和圆，一天就耕一块田，隔个坎儿等明天。”意思是集中精力把一个区域内的事情做好，再去做下一个区域的事情。任何产品进入管道后，随着时间的推移，对产品输出点数量的积累会越来越多（在特殊情况下也可能会减少，即便是一种产品被退出，总会有另一种产品替代），覆盖的区域越来越大，区域中的路线结构也越来越复杂，自然河流、交通限制和建筑规划阻隔等都会因路途耗时长影响工作效率，浪费时间、人力和物力。这个时候就需要对自己产品输出点进行划片管理，分别记录为 A、B、C、D 等片区。每个片区包括的范围，都要遵循门店与门店之间和区域与区域之间直线路径最短、顺时针或者逆时针原则，形成矩形或者扇形服务区。

四、输出点销售贡献管理

任何一款产品进驻到输出点门店中，由于受制于很多因素，如门店自身环境、经营氛围或者服务方法不同，以及产品自身品牌、包装、外观、口感等不同的影响，产品给公司带来的贡献值就不一样。有的门店销售多，但是花费也多，这类门店可以归为另一档；有的门店销售不错，投入费用也少，给公司带来的效益较多，把这类门店归为另一档。

按照这种方式方法，把销售额大、费用投入少、贡献值大的输出点门店，用不同的颜色标识出来，并且注明不同颜色门店代表什么意思。比如，蓝色代表月销售额 2 万元 ~5 万元，没有费用，盈利 30%；红色代表月销售额 5 万元以上，有少量费用，盈利 15%；黄色代表销售额 10 万元以上，但盈利只有 5% 等。把这些门店再进行分类，甚至单独放在一组统计表格中，只要能清楚地识别出来就行，便于公司在做售额冲量时考虑，低投入、高产出、效益最大化。

五、输出点活动备选管理

对输出点门店的经营环境进行分析归类管理，比如，店门前空旷场地、门店氛围、消费人群流动、老板个性等进行综合判定，筛选出适合厂家开展各种小型促销活动的门店，用不同的颜色或者特殊符号，如五角星、米字号等标识出来。在计划开展活动时，只要打开输出点门店档案表格，按照条件搜索相应门店，就可以快速查找到符合参加活动的输出点门店及其数量，然后确认选定计划需要的门店数量即可。比如，需要做端架陈列活动，把有端架的门店提取出来；需要做外场小型售卖赠送促销，只需要从存档中搜索符合外场小型活动的门店并提取数据，管理方便快捷，工作效率自然也就高了。

六、输出点销售产品习惯管理

产品输出点门店的营销氛围，除了客观存在的地理环境外，起核心作用的就是老板。老板的个性不同、理念不同、成长的时代不同和储存的管理方式不同，都直接影响门店存货品类。一是由于经常来光顾输出点门店的顾客的需求不同；二是由于周围消费者的消费习惯不同，从而直接影响老板接收产品和销售产品的习惯。对于输出点门店习惯性销售产品的管理，相对来说比较简单，主要看门店销售的产品属于哪一类，在品类中重点卖哪些产品。

比如，某输出点主营饮品低端纯奶、酸奶，某输出点主营副食低端麻辣休闲食品，某输出点门店主营中高端高度酒水、某输出点门店主营中高端干果等，基本上按照经营的重点产品把这些输出点门店进行归类，然后用不同的颜色或者符号标示出来并做必要的说明。在做促销活动或者新产品铺货时，就可以快速查找数据、提取数据，根据产品大类特性细分后，看看存档的门店中哪些适合，第一时间根据资料直接针对门店接受单品习惯重点铺市，能有效提高工作效率和产品动销的流转速度。

第三节　终端输出点的存货如何裂变

对终端输出点门店进行的细分管理，都是围绕销售服务的。只要是使终端输出点门店多存货的方法，就是合理的管理，你的产品在每个终端门店存货越多、站位面越大，被选择的机会就越多，你的产品流量就大，销售额自然就高，店老板赚的钱就多，能记住你的机会就多，客情关系自然就好。如何在终端输出点门店上进行存货核裂变，我总结行业内市场一线的一些经验，从以下 4 个方面分享。

一、管道链拉升

管道链是上承厂家下接终端的“锚固件”，对管道的拉升不是传统意义上的从两头拉长，而是为了使整个销售膨胀不影响构造，从而研究“锚固件”的使用方法。简单地说，就是从已有的管道下手，让管道多存货，包括一级配送、二级配送和三级配送等的销售任务拉升。这一条看似与终端输出点门店存货多少没有太大的关系，事实上可以说是终端输出点存货放大的首要环节。比如，合理加大经销商库存量，本来某一级经销商这个月销售额可以达到100万元，我们可以加大到105万元，即拉升5万元，给予经销商适当的压力，逼迫其主动出击、拓宽市场。根据自己掌控的二级配管道拉伸，如果有5家经销商，每家可以拉升1万元；如果是10家经销商，每家可以拉升0.5万元。二级配送再往下拉升，即管道链拉升最终要拉伸到终端输出点门店上。

二、管道链拉宽

一个产品在市场上站位越多、面积越大，市场容量也就跟着增大。这里需要解决两个问题。

一是管道的宽度；二是管道的长度。管道链拉宽正好可以解决这两个问题：一是增加链条的数量，扩大上游对下游的服务区域。比如，某个区域里原来只做流通渠道，现在增加开发现代管道，或者餐饮管道，或者移动互联网管道。

二是延伸链条衔接点数，缩小原有衔接点的服务区域。比如，某个区域里原来有3家一级配送商，现在缩小某个一级配送商的服务区域，再增加1家一级配送商。

拉宽管道链的数量从而达到用增加管道库存形成初级销售，结合管道拉升的办法，解决产品逐级下拉，迅速到达终端输出点门店，注意避免只是简单的移库，以免造成产品滞销死循环。

三、拓宽有效门店

在进行管道链拉升和管道链拉宽的同时，在管道链上开拓更多的有效输出点门店，扩宽产品在市场上的存货点数量站位，也就是增加有效输出点的数量。对于大众产品来说，输出点的门店数量越多越好，比如，某区域里某个管道上2016年有100家输出点门店，正常每月每家存货价值2万元，2017年经过努力又增加了100家输出点门店，每月每家正常存货价值也是2万元，那么2017年这个区域由于终端输出点门店数量的增加，产品存货数量自然增加了，销售额也直接翻倍。

对于大众流通消费品来说，覆盖面越广越好，随处都能让消费者看到、轻松拿到、方便买到；对于稀缺产品或者高端产品来说，就要考虑经营者的利益和输出点辐射的半径，门店数量多了存货严重过剩，就容易影响经营者的积极性和利益，门店数量少了，服务不到消费者，就会损害厂家的利益，输出点数量过多、过少都不利于扩大产品销售。

四、增加单店存货量

在增加销量的公式中，其中一步就是增加输出点单个门店的存货量。一是增加产品品种；二是增加单品数量。这两种方法都需要人员硬性推介或者促销手段支持。增加品种：一是增加规格，比如，某个输出点门店中原来只有350ml的规格，现在增加500ml和1000ml等不同的规格；二是增加品项，原来只有酸奶，现在增加纯奶、礼品盒等不同的品项。增加单品数量，除了消费需求强烈外，一般都需要通过促销手段刺激终端输出点门店接受增加的产品数量，以此达到终端输出点门店存货量裂变的目的。

五、实践案例

从管道链拉升、管道链拉宽、拓宽有效门店和增加单店存货量四个方面，对终端输出点门店进行管理，效果到底如何呢？一起来看看我们2017年在广东省湛江市对A品牌进行“区域标杆”实战活动试错践行的案例。

2016年，A品牌在广东湛江的销售额是3509万元，其管道网络（家）、终端输出点（家）及销售额（万元）如表11－1所示。

表 11－1 管道网络、终端输出点（家）及销售额

区域名称	辖区人口（万）	管道类型	管道数量（家）	年销售额（万元）	有效终端（个）	备注
赤坎区	37	流通现代	1＋1	343＋112	267＋25	
雷州市	138	流通	1＋1	539＋417	361＋318	
麻章区	50	流通	1	228	172	
坡头区	39	流通	1	266	203	
遂溪县	75	流通	1	554	329	
霞山区	55	流通	1	392	289	
徐闻县	68	流通	1＋1	362＋296	304＋208	
	462		10	3509	2476	

注：年销售额从 2015 年 10 月—2016 年 10 月。

在 2016 年年底到 2017 年年初，首先，针对存量从源头加压，保持管道链平衡的基础上开拓新领域，从管道链上拉宽，在每个辖区内增设管道网络客户数量，新开发特通客户 7 家、现代客户 1 家和流通客户 2 家。其中，赤坎区 1 家特渠，雷州区 1 家特渠、1 家现代，麻章区 1 家特渠、1 家流通，坡头区 1 家特渠，遂溪县 1 家特渠、1 家现代管道，霞山区 1 家特渠，徐闻县 1 家特渠，共计增设新客户 10 家。

其次，增加了产品项，把客户不重视的产品做了调整，从老客户手中拿出来搭配给新客户实行老品新做，同时增加新产品。客户自己选择做哪一款产品，业务员负责协助和指导，其中做起来的老产品有 4 款，补充的新产品有 3 款。

最后，业务员把 80% 的精力都用于和经销商业务员共同开发终端输出点门店，以及服务终端门店和通过促销活动增加单店存货量上。2017 年 10 月，共计增加终端输出点门店 1886 家，增加的输出点门店基本上是特通管道输出点，如表 11－2 所示。

表 11－2 特通管道输出点

区域名称	人口（万）	管道类型	管道数量（家）	年销售额（万元）	有效终端（个）
赤坎区	37	流通现代特渠	1＋1＋1	516＋272＋189	321＋34＋128
雷州市	138	流通特渠现代	1＋1＋1＋1	612＋596＋192＋164	421＋368＋205＋16
麻章区	50	流通特渠流通	1＋1＋1	302＋213＋368	292＋108＋143
坡头区	39	流通特渠	1＋1	479＋306	283＋97
遂溪县	75	流通特渠现代	1＋1＋1	704＋382＋403	419＋263＋21
霞山区	55	流通特渠	1＋1	535＋129	356＋167
徐闻县	68	流通特渠	1＋1＋1	487＋517＋142	351＋286＋83
	462		10＋10	7508（3509＋3999）	4362（2476＋1886）

都说2017年的销售难做，终端不下货，特别是一些大品牌和成熟品牌，要做到同期销售额保量都难，更不要说增量了。但是，对于新兴品牌产品来说，只要找准方向和定位，市场给予的机会还是很多的。从这个实践案例可以看出，A品牌在湛江市的操作，主要是从管道链的拉升拉宽、深挖精耕终端输出点数量及单店存货量这些最原始、最简单的做法入手，特别是把80%的业务精力用到终端服务上，最终增加管道客户10家（管道数量总计达到20家），新开发终端输出点有效门店1886家（终端输出点有效门店达到4362家），销售额从2016年的3509万元增加到2017年的7508万元，增长绝对值3999万元，增长率113.96%。

这一点充分地说明市场不是规划出来的，是走出来的、是做出来的，在走的过程中可能会遇到弯路，但是只要脚踏实地，即便是弯路，只要走得多了，弯路也走成了直路。在这条路上留下的每一个脚印，都是悠扬的旋律，是帮助你奏出销售成绩的最佳音符。

第十二章

Chapter 12

产品搭配

第一节　让老产品重振市场的方法

一、单一老产品的风险

真正做销售的人，都经历过或者见到过，在自己的一片区域上，产品和市场都好时，根本无须做太多的事情，业绩照样提升。可是突然有一天，唯一畅销的产品卖不出去了，整个市场的销售都停止了，这就是懒惰营销人的报应，只好任由公司“宰杀”。如果企业就一种产品，要是整个市场或者是主力市场的产品突然倒下，企业面临的可能就是破产，也可能是推倒重来。做销售就像弹钢琴一样，在一个键盘上要弹出优美的旋律，需要不同的音节来组合，每一个音节都要讲究节奏。做市场也是同样的，销售要上量，而且是平稳的上量，使市场稳步推进，其中产品的搭配、梯队构建非常重要。做好产品搭配，才能事半功倍、业绩倍增。

二、老产品换装的条件及策略

老产品更新包装至少要具备以下五个条件：

（1）曾经是畅销品牌或者是行业的领头羊。

（2）大众普遍认可产品的质量。

（3）产品销量逐年处于僵持状态。

（4）市场返回来的信号，明显告诉厂家消费者已经审美疲劳了。

（5）经销商都认为到了不换药该换汤的时候了。

老产品一般都是企业的功臣产品，曾经为企业做出过贡献，也给消费者带来过很多快乐。只是由于市场环境的变化和消费习惯的升级，使得这些产品因为利差不足不被经销商重视，或者因消费者审美疲劳淡出人们的视线，这些产品只在局部市场艰难地存活着。虽然产品淡出了市场，但是品牌还能勾起大家的回忆，比如，旭日升茶、娃哈哈果奶、娃哈哈儿童营养液、诺基亚手机、健力宝饮品、维维豆奶等，都是因为产品利差、审美疲劳及创新产品的到来，使得这些产品和品牌在大家的视野中若隐若现，甚至于很多曾经受消费者青睐的产品，都已经消失在了茫茫的商海中。要重新管理培养这些产品，重新提振市场销量，最有效的营销策略就是从更新包装、回归情感和调整利差三个方面进行老品新做。

三、老产品更新包装的具体手法

在快消品行业内，老产品创意更新包装的手法，一种最常见、最常规的方法是产品内包装形态的更新；另一种方法是产品外包装形态的更新。相对来说，前一种营销手法的难度要大于后一种营销手法，但两者相辅相成，都能给企业带来良好的经济效益。

（一）老产品内包装形态的更新

老产品内包装的创意更新，有瓶型的创意更新，也有瓶目标创意更新，都是产品的“穿衣”创意更新，行业的做法集中在瓶型的创意更新或者瓶目标创意更新上。我认为，做得最好、更新速度又快的产品外资的可口可乐、民族品牌农夫山泉。

可口可乐的创新走在最前沿，也给民族品牌上了一课。2007 年为了迎接北京 2008 年奥运会，可口可乐就发布了要在中国区市场更换五环新瓶型，当时对新瓶型销售额的粗略预计是增长 3% ~6%。到了 2013 年，可口可乐又对沿用很多年的瓶贴进行了更换，加上宣传做得非常到位，更换的新瓶贴更喜庆时尚，也更加迎合了年轻消费群体，仅这一项创意就创造了 2% 的销售增长。

农夫山泉每一次的创意更新都会带来业界“震动”。农夫山泉在 2016 年 G20 峰会时推出的珍藏瓶，设计新颖，瓶身上的每一种图案做工都十分精细。比如，瓶身上的老虎，只要看老虎的眼睛，就觉得做工不一般，给人感觉真实、自然、不花哨，还特别有趣。这些新瓶型一上市就引来广大消费者的购买珍藏。

娃哈哈 596ml 红标纯净水，一直沿用了 10 多年，现在更换成十二生肖新标外观新瓶，以及 2015 年创意更新推出的苗条身材，晶莹剔透的瓶身，高端雅致、纯净无暇，犹如钻石般闪亮的晶钻装纯净水，还可以在瓶标上进行个性签名，同样在 2016 年 G20 峰会亮相，给娃哈哈带来了新的活力，一上市就成为各种会议和活动的尊贵用水。

（二）老产品外包装形态的更新

老产品包装创意更新，除了内包装形态的更新外，相对简单一些的做法就是对产品外在包装进行创意更新。一是从包装色调进行创意；二是从产品规格和外包装大小进行更新。

娃哈哈 220mlAD 钙奶是中国比较经典、比较受欢迎的饮料产品之一。这是 20 世纪 90 年代初，娃哈哈公司针对我国儿童钙摄取普遍不足的问题开发的儿童奶饮品。它以钙质吸收牛奶为基础，辅以维生素 A 和维生素 D，促进钙质吸收，以达到真正补钙、全面促进儿童生长发育的目的，自上市那天起就得到了消费者的一致好评。

这款产品的诞生不仅解决了那个时期儿童厌食、缺钙的问题，还伴随着“80后”“90后”的成长，承载了这一代人对童年美好的回忆。但是，随着生活水平的提高，人们对生活更加美好的向往，以及物质的丰富，都给予了人们对美好生活更多的选择，这种产品的市场表现从2002年起就不尽如人意。

直到2013年年底，娃哈哈公司对老AD钙奶包装容量和外观色调进行全新升级设计，小瓶升级为中瓶，容量增加到330ml（我在《娃哈哈区域标杆》一书中有详细分享），在包装设计中融入“80后”“90后”熟悉的元素，如三道杠、红领巾、卡带等，还特别邀请电影《新还珠格格》中阳光帅气的全能新偶像张睿为代言人，加上“总有一种味道，让你找回曾经的自己”的广告词，在2014年一上市就找回曾经失去的市场份额。

市场上有关外包装创意形态更新的案例很多，比如，娃哈哈营养快线从营养快线升级更新到幸福牵线，从500ml规格增加330ml规格、280ml规格；再如，王老吉、加多宝、哈尔滨啤酒增加6罐塑封家庭消费装；还有植物蛋白饮品的佼佼者六个核桃在长江以南投放红色罐装等。这些对老产品外在形态或者色调的更新，都为企业带来了不少的经济效益。

四、重拾情感要求再回归

基于情感要求对老产品更新后重新回到市场，我在前面分享的娃哈哈AD钙奶老品新做、回归提振市场的案例，在很大程度上给予“80后”“90后”对童年的怀旧情感，这些曾经伴随自己成长的事物，再次出现在自己面前时，总会情不自禁地要接触。在这里我要列举通信电子产品诺基亚手机，它应该是当之无愧的重拾情感要求，再次回归市场的最佳案例。

承载了一代人青春情怀，曾经拥有强大品牌价值、管道市场、设计能力和众多老粉丝的诺基亚手机，在错失并折戟沉沙于智能手机时代消费市场几年后，于2016年再度回归。有人看好也有人不看好，但是对于诺基亚来说，我想不仅是剩下的情怀，更应该是诺基亚的实力基础，面对消费快速升级的时代，对诺基亚是机遇也是挑战。

从成功案例看出，已经淡出市场的老产品要通过重拾情感要求重新回归市场并受到消费者青睐，至少需要符合以下几个要求。

（1）这个产品曾经畅销过。

（2）这个品牌留给很多人美好的记忆。

（3）这个产品或者品牌伴随过很多人成长。

（4）虽然产品已经淡出市场一段时间，但是大家还经常提起和谈论。

（5）有很多人期待着产品回归。

（6）企业或者组织决策认为应该也非常必要让这个产品回归。

如果不具备上述这些条件，在计划对老产品重新启动市场时一定要谨慎。

五、老产品重新设计利差

给老产品重新设计利差时，要事先调研掌握以下信息。

（1）消费者和批发商都认可产品。

（2）批发商不愿意卖是觉得不赚钱。

（3）终端输出点门店有货，但是门店不愿主动推介。

（4）有固定的消费群体。

任何产品的PLC（产品寿命周期）都要经历导入期、成长期、成熟期、衰退期四个阶段。前两个阶段利差一般都比较好；在进入成熟期后，随着产品销量拉升，产品利差开始减少和透明化；到了衰退期，利差更是捉襟见肘，各级利差更加透明。再加上受到各种市场因素的影响，严重挫伤经销商销售产品的积极性，更不能满足厂家的各级促销活动分配。要使产品重新焕发生机，重新回到市场并提振销售信心，除了产品内外包装的更新外，还有一个“撒手锏”就是重新设计产品各级利差，满足各级需求再分配，集中精力推广。

我在《娃哈哈区域标杆》一书中分享过娃哈哈非常可乐在洛阳市场创新开发的实操纪实案例，这个案例既是娃哈哈市场运作创新比较成功的案例，也是娃哈哈“二套网络”操作成功的典范，其中值得参考的有如何从市场中分离产品、如何进行新客户的开发、如何实行订单发货、如何快速分销和如何快速让产品动销外，我强调的一点就是老产品的价差重新设计。

在进行案例分享时，一开篇我就提到产品销售一直不温不火，批发商批发产品的价格一直提不起来，批发商每经销一件产品才有0.5元的利润，因利差不足，严重影响了批发商的积极性。重新调整利差设计后，批发商每卖出一件产品的利差从原来的0.5元增加到2～3元，加上娃哈哈业务集中精力开展各种促销推广拉动消费者，这款即将淡出市场的产品又重新活跃起来，仅这个市场这一款老产品新做，每个月不仅给娃哈哈创造了近200万元的销售增长额，还为洛阳市场的非常可乐销售量打开了突破口，也为娃哈哈公司“二套网络”的开发奠定了坚实的基础。

老产品重新设计价差、重新振作市场带来增量的案例很多，比如，六个核桃把蓝罐改成红罐、提高价差、越过长江线南下招商、抢夺市场份额等，这些营销动作里都有价差的重新设计，以此提高价差，提高批发商的积极性。

六、产品的内外更新

厂家对正在销售的产品进行升级的常规做法，就是对既有产品进行内容物升级和外包装更新升级，设计新的利差投入市场，在路通环节中层级经销商都能获得丰厚的利润。

老产品内外更新的基本做法：一是对产品进行升级；二是重新设计各级利差，最终目的是占领更多的市场份额，以达到销售额的增长获取更多利润。

第二节　新产品培养

一、新产品培养的重要作用

这里说的新产品培养，是市场产品搭配结构链条的环节之一，主要是做市场产品组合培养，不仅限于新产品培养，也可能是已经进入市场上有一段时间，但一直没有畅销起来的产品，或者市场销售额贡献很少的产品。对这些产品进行组合搭配、分阶段培养：一是为了夯实市场产品结构基础；二是为销售随时增量做好准备。产品搭配结构是否合理，以及在各个时间段的节奏把控是否实时，都直接关系到耕耘市场的稳定。比如，各个时间段都有产品可卖，业务上才不会出问题，企业的收入才不会出现“过山车”似的忽高忽低。

二、新产品搭配结构培养的几个办法

（一）产品服务分工明确

经销商需要做的工作和担负的责任，就是做好产品配送服务，以及产品售后退调换货服务。厂家业务必须注意，在进行新产品结构培养的区域里，一是要有经销商对产品进行配送；二是所开发出来的经销商的服务半径不能太大，距离太远了经销商一般服务不过来，与其市场空着，也不能让经销商做不到位。

（二）挪移热销产品培养

很多时候你会发现，有些产品在其他区域卖得比较好，但是自己的区域里没人卖。有可能以前卖过但是没有做好，有可能从来就没有人尝试卖过，这个时候可以考虑把这种产品挪移到自己的区域里，找一个点进行试点，作为新产品进行培养。在引进前，一定要实地考察，这个产品在其他区域为什么好卖、在自己的区域里为什么没有卖、有哪些优劣势、用什么方法可以弥补，从而使这个产品进入自己的区域后，能快速被经销商认可并推介。

（三）新产品重点培养

新产品上市，目前大部分厂家的做法就是按照区域任务分配给老客户，直接发货销售，这样做也不是不好，但是有很多弊端。比如，因各地环境、气候、消费习惯等不同，有些新产品在某些区域中是不受消费者欢迎的，要引导这样的市场实在是太难了。我在前面已经详细分享过了，新产品进入区域市场一定要分析环境，弄清楚新产品是否适合自己的区域销售，是不是自己区域里产品结构培养的重点，如果不是或者不能成为重点，要有理有据反映给公司，让公司知道你的想法及市场客观事实。

首先，如果交给老客户发货，要考察老客户是否有做新产品的意愿，是否愿意接受新产品并乐于帮助推广。如果有，就选择这样的客户经销；如果没有，最好重新开发新客户经销。

其次，新产品上市时，绝不允许抱着发一点货试试的态度，要选择重点区域、重点客户进行集中试点，业务员要身先士卒打头阵，经销商紧随其后做好服务，包括产品配送、退调换等。

最后，新产品培养需要有耐性，需要坚持，需要企业保障按需生产。在这个方面，很多企业在推广新产品时，会出现大部分区域的销售不好，只有小部分区域有销售，因为销量小导致企业产能不正常、物流不正常，最后干脆放弃了，这是很可惜的事情。我认为企业自己不能生产，可以找其他代工厂合作，按需代工，保证有销售的区域正常销售，给企业的产品起死回生的机会，企业要给经销商和员工树立只要坚持做产品，后续生产服务有公司做后盾的信念。

第三节　区域新产品“开发”与新旧产品组合

一、区域策略新产品不同于企业常规新产品开发

这里讲的新产品开发，并不是常规意义上的新产品开发，而是业务

员在拓展区域市场业务时，发现其他品牌的某个产品在该区域市场销售很好，调研过程中经销商也有意愿销售，自己的企业有能力生产或者能找到合作单位生产类似的产品，然后投放到该区域市场运作销售，抢夺竞品的市场份额，增加本区域的销售额，为公司创造更多的效益。运用这种策略开发的新产品，才是这里所讲的真正意义上的新产品开发。

W 集团公司湖北市场，掌管这个市场的李经理在 2010 年就在这个市场针对某罐头产品开发了新产品橘片爽，投放到市场后反响不错，随后其他区域也有零星销售。这种策略开发出来的新产品，与公司正常开发的新产品对比，有以下几点不同。

（1）这种新产品开发是基于区域市场开拓需要而开发的。

（2）开发出来的新产品主要集中在某个区域市场里销售。

（3）由市场职业经理人决策包销，公司审核批准生产。

（4）产品具有非常明显的区域性，其他市场也可销售。

从区域策略开发的新产品与企业常规开发品的几个不同点可以看出，这种新产品开发，主要是为了增加销售业绩，为公司创造效益。因此，在决策新产品开发时：一是要有明确的针对性，也就是在某个区域里畅销的产品；二是区域职业经理人要为新产品决策承担更多的责任，也就是要确保生产出来的新产品都卖掉，不能给公司造成损失，如果造成损失要敢于自己承担；三是公司要有匹配的生产技术设备，或者快速寻找合作资源的能力；四是职业经理人要有很强的凝聚力和统筹能力，能发动区域市场业务员和经销商重视产品，也能让临近区域市场重视并共同销售。

二、案例：缺少梯队产品的惨痛教训

做销售不难，做好销售很难；卖产品不难，把产品卖好很难；要培养产品搭配、组合，形成梯队产品，做到每个季节都有产品卖，做到淡季不淡、旺季更旺。这需要考验销售人员的能力，更考验企业的营销策略。在一个企业或者一个区域市场上，如何对既有产品进行合理搭配，以及与新开发产品合理搭配，培养成一个个梯队产品，有产品链的该怎么做，没有产品链而且产品又比较单一的该怎么做呢？先来看看以下两个真实案例。

案例一：畅销品突然倒塌，A 公司华北销售崩溃

A 集团公司的一支单品，2000 年左右在山东省、河北省等华北地区市场的销量非常大，业务员就是在家里睡觉，每天产品的销售额都在上涨。经销商和业务员都不用操心，产品销售照样火爆，这支单品的销售额占华北市场销售的半壁江山，每个月的任务轻轻松松就完成了。人都有惰性，产品卖得好，任务能完成，谁也不愿意多操心市场，“大树底下不长草，当然好乘凉”。因此，业务员和经销商都没有危机感，更说不上对新产品或者产品结构的重视。后来由于消费市场发生变化，新兴同类产品不断冲击并蚕食市场份额，这样的繁荣景象其实就是一颗“定时炸弹”。2002 年年底终于爆发了，A 集团公司的这支单品的销售额迅速下滑，愁坏了业务员与经销商，一支产品销售额独大的市场就这样遭遇了销售滑铁卢。

案例二：无后继产品，B 公司安阳销售额失守

在河南省安阳市场，B 公司的一支单品从 2002—2006 年的销售一直飞速增长，加上 B 公司的产品链比较长，新产品投放频率高，市场任务不需要重视，每个月就能轻松完成，让其他市场的业务员很羡慕。

由于给区域市场任务完成得比较轻松，从业务员到经销商，同样不会重视市场、拓展新产品和产品搭配结构的培养，而其他市场的业务员和经销商为了确保完成公司下达的任务，都在努力开拓市场和培养新产品。该市场就这样，业务员和经销商都过着舒服的日子，因一支产品独大，没有培养后继产品，到了 2007 年，B 公司安阳市场由于畅销的单品达到市场饱和及增长乏力，又没有其他产品可以顶上，再加上竞品的

挤兑，每月的销售额被其他市场轻松赶超。

这些案例都是惨痛的教训，表面上是市场环境变化、消费升级造成的，实际上是企业产品培养和搭配不合理造成的。要想做到区域市场持续增量，产品的培养和搭配至关重要，要像组建团队一样培养梯队产品。根据我操作市场的实战经验，针对企业实力雄厚、产品链长、产品线宽，以及企业实力薄弱，产品线、产品链都单一的情况，在任何一个市场上都要考虑培养新老产品组合和构建区域产品梯队。

三、搭建梯队产品最有效的几个办法

（一）127 或 136 组建法

对于实力雄厚，生产技术和设备能力强，产品线和产品链多的企业，在区域市场运作、组建产品梯队时，一种方法是把 10% 的相对畅销的产品作为第一梯队，把 20% 的次畅销产品作为第二梯队，余下的 7 成产品作为第三梯队，即 127 梯队组建法；另一种方法是把 10% 的相对畅销的产品作为第一梯队，把 30% 的次畅销产品作为第二梯队，余下的 6 成产品作为第三梯队，即 136 梯队组建法。

在对产品排兵布阵后，对不同梯队上产品投入的精力也要进行合理分配，绝不能指望一支单品卖得好，要把 10% 的精力放在第一梯队产品上、70% 的精力放在第二梯队产品上、20% 的精力放在第三梯队产品上，或者是把 10% 的精力放在第一梯队产品上、把 60% 的精力放在第二梯队产品上、把 30% 的精力放在第三梯队产品上。在两种产品梯队的组建后投入精力的分配上，第一梯队只投入 10% 的精力，不是不重视这些产品，而是更加重视，相当于把 90% 的精力都由经销商付出，厂家业务员的精力只占 10%。因为形成畅销产品后，在很大程度上销售会自然形成。

（二）280 或 370 组建法

对于实力薄弱，生产技术和设备薄弱，产品线和产品链都单一的企业来说，在运作区域市场、组建产品梯队时，一种方法是把当下 20%

畅销产品的作为第一梯队培养，余下的 8 成产品作为第二梯队，第三梯队产品就是公司的新产品，或者根据区域市场开发新产品，比如，增加外包装或者改变包装、规格等补充到第三梯队；另一种方法是把目前 30% 畅销产品作为第一梯队产品培养，余下 7 成产品作为第二梯队，同样根据区域市场实际情况开发新产品，再如，改变外包装色调或者改变包装形状等补充到第三梯队。

在运作市场时，业务员要把 20% 或者 30% 的精力投入在第一梯队产品上，把 80% 或者 70% 的精力转移给经销商，公司业务员抽出 80% 或者 70% 的精力用在第二梯队产品培养和第三梯队产品上。

（三）时令习俗组建法

这个组建方法是上述方法的辅助，在不同的地域有不同的风俗习惯，其消费形式也跟着习俗变化需求。比如，中秋节、春节走亲访友送礼，要优先考虑以礼品包装为主的产品，常规的做法就是增加包装袋等。其实，还可以用不同的产品进行组合，在包装中附上礼品进行销售培养，培养不同节日的礼品或者不同季节性需求的产品，再如，饮品在冬天配备电热锅、保温箱，夏天配备冰柜进行冰冻销售。

第十三章

Chapter 13

促销效益

第一节 实现促销的效益最大化

一、不敢花钱就不要做促销

不敢花钱、不会花钱，就不要搞促销。说到促销，很多人的第一反应就是要花钱，而且要花很多钱，我也是这么想的，没有这种反应都不正常。哪有不花钱的促销，又想要销量，又想不花钱，世界上很难找到这样的好事。我认为，搞促销不仅要敢花钱，还要会花钱，不敢花钱怎么会有销量呢？不会花钱怎么能做出成绩呢？促销的出发点就是通过促销让产品大卖，通过促销手段增加销量，这也是最终要实现的目的。那么，该怎么做呢？如何才能做到不怕花钱，还要敢花钱呢？下面用 TPS 系统方法说明。

任何一场促销活动都是一个死循环：销量增加—区域（T）销量增加—区域产品（P）大卖—促销（S）—销量增加。从这个死循环可以看出，通过各种促销使产品大卖才能做到销量增加。产品要大卖，就需要在环境和策略上下功夫，不同的环境需要采取不同的策略，要么是招商，要么是搭赠，要么是特价，无论采取哪种促销方式，招商要花钱、陈列要花钱、特卖要花钱、做媒体要花钱、平面广告要花钱、移动车体要花钱、搭赠礼品要花钱，甚至有时候免费送产品都要花钱。促销的目的是为了要销量，要敢于花钱和舍得花钱才会产生销量。

2012 年，唐×作为 N 品牌山东市场的省级经理，为了夯实产品市场基础和销量冲刺，从 8 月初起，他对山东省市场做了连续 3 个月，即 8 月、9 月、10 月的促销规划。其中，8 月的促销费计划是 500 万元，实际花了 556 万元，产生销售额 1.4 亿元；9 月的促销费计划是 450 万元，实际花了 483 万元，产生销售额 1.73 亿元；10 月的促销费计划是 350 万元，实际花了 291 万元，产生销售额 1.83 亿元。3 个月促销实际花费 1330 万元，产生的销售额 4.96 亿元，促销费用实际只占销售额的 2.68%。

搞促销就得敢花钱！有两种情况：一种是老板花自己的钱，想怎么花就怎么花；另一种是职业经理人向老板申请，同意后才能花的钱，需要按照申报规则花钱。

二、寻找资源做不花钱的促销

很多耳熟能详的营销故事，比如，当年茅台酒当街摔砸、海尔砸冰箱等，有人说是营销事件，其实就是不花钱的促销。站在销售的角度，如何找到促进产品销售的办法，这才是搞促销的关键。不花钱的促销到底有没有？我的答案是肯定的：有！

同样从环境（T）、产品（P）和策略（S）着手，给产品设定一个既定的消费层，即消费环境，并主抓这个层面展开促销。比如，脑白金和椰树椰汁，包装一直不变，外界认为很丑，难道这两家公司不知道吗？显然不是。跨界联合促销，抓住既定消费环境（T），从产品（P）和促销策略（S）跨界合作对冲互补，是可以找到不花钱的促销的。

D公司是湖南省的食品公司，每年都会批量采购大枣，然后进行粗加工后出售。2015年该公司从河南省、新疆维吾尔自治区、山东省一共采购了一等优质大枣35吨，经过精心设计，采用木质高档礼盒，在包装盒上赋予了舌尖美味文字和极具传情的文字诱惑，包装成2斤装礼盒产品出售，取名“千年皇枣”，每盒售价298元。然后找到武汉一家文化传媒K公司，K公司又与F传媒进行弹跳广告合作，三方通过自媒体微信社群进行购买“千年皇枣”赠送免费学习门票的联合促销。

具体方法是：

（1）促销期间，只要打开F传媒网站，就在首要位置弹跳出“千年皇枣”与K传媒总裁班入场券，入场券上清晰地印着4位国内知名演讲大师。

（2）点开链接，就能看到说明：“购买‘千年皇枣’一盒，把购买信息分享给朋友，立马获得一份分享佣金，分享后朋友也购买的，又能获得一份更大的分享佣金。”

（3）凡是购买“千年皇枣”，均获得一张价值48900元的总裁班学习门票一张，凭票参加K公司在全国各地举办的总裁班学习机会一次。

就是这样简单的三方跨界促销，从2015年11月1日—2015年12月31日，也就是两个月的时间，D公司一共销售出去“千年皇枣”25万盒，营业收入7450万元，没花一分促销费，促销费都是K传媒出的。

三、做到促销效益最大化的三种路径

产品促销，花钱的也好，不花钱的也好，都必须做到促销效益最大化。如图13-1所示，实现效益最大化的途径有三种：第一种是产品薄利多销；第二种是高利润少销；第三种是高利润多销。从促销的目的出发，第一种是执行人最希望看到的；站在企业的角度，第三种是最佳的；从代理商角度，第二种可能是比较切合的。从前面两个促销案例中可以看到，一个促销活动花费1330万元产生4.96亿元，假设企业的净利润有2个点，唐经理在3个月为N企业创造的收益就是992万元。另

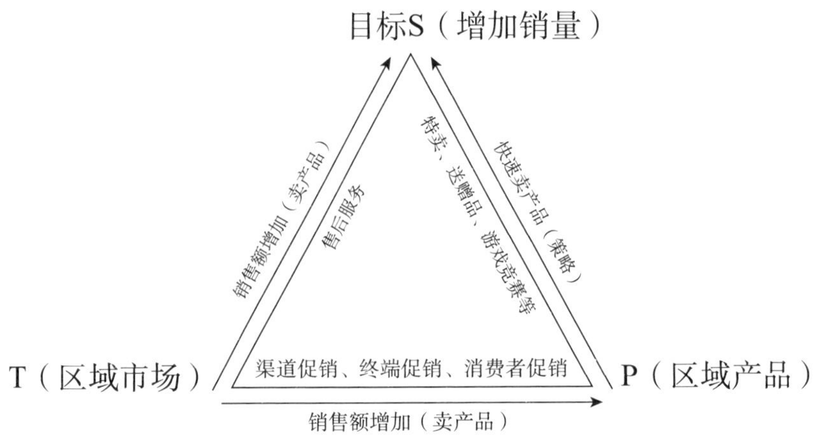

图 13－1　促销效益最大化的三种路径

一个促销 D 公司一分钱没有花，同样按照净利润 2 个点计算，D 公司短短两个月创收 149 万元。

四、产品的市场是两支队伍拼出来的

促销效益再怎么最大化，都是有成本付出的，只是方法用得好时，收益远大于支出的成本，相对来说甚至忽略不计。按照 TPS 系统法则顺序，在目标环境（T）和目标产品（P）确定后，目标产品（P）要出成绩，强化训练、匹配两支队伍是关键。因为市场最终是靠两支队伍（S）拼出来的，即经销商队伍及业务员队伍体系通过奋斗、拼搏才能营造终端的氛围，这是任何产品、任何品牌都应该遵循的市场规律，别无快捷方式。

第二节　案例：滞销库存的促销

一、滞销库存促销实战案例

湖北省武汉市汪老板和张老板，2016 年 3 月都代理了福建 Y 食品公司新产品。因厂家把武汉市场一分为二，所以汪老板经销一个区域，

张老板经销一个区域，互不干涉。产品出厂价每件 48 元，保鲜期 180 天，政策是满 100 件送 5 件，两位老板两次发货分别共计 3000 件。由于厂价营销策略和市场各种因素影响，该产品很快处于滞销状态，两个月后汪老板的库存是 1600 件，张老板的库存是 1200 件。根据市场经验，两位老板都及时采取促销卸库措施，可以降价，也可以搭赠品，限期 30 天最多 3 次必须把库存全部卖到终端输出点门店。两个老板的做法如下。

张老板：第一次每件厂价降 2 元另送 2 元礼品一个，卸库 450 件，用了 8 天；第二次厂价降 5 元，卸库 360 件，用了 13 天；30 天限期眼看就要到了，张老板不得不全部半价，终于出售完了。

汪老板：经过走访终端市场，综合多数输出门店的意见，汪老板决定厂价不变，进 5 件送 1 件、进 10 件（超过 10 件不给）送 3 件，相当于一次性折价到 38 元，只用了 3 天就全部卸库给了终端输出点门店。汪老板用回收的资金对另外三款产品增加了进货量，并薄利促销，在 30 天期限内三款产品比正常销售多卖出了 18600 件，每件产品净利润 0.96 元。

问题：在人力运输仓储成本忽略不计的情况下，哪位老板的促销方法最好，获取的效益最多？

张老板：$-4\times450+(-5)\times360+(-24)\times390=-12960$ 元

汪老板：$-10\times1600+18600\times0.96=1850$ 元

从促销活动效率和最终结果看，显然汪老板的促销干脆利落，还盈利了 1850 元，而张老板一分钱没赚，还赔了 12960 元。

二、用 TPS 系统解析促销策略

从 TPS 系统策略结构分析，站在厂商的角度。首先，武汉市场这个大环境（T），Y 食品公司把它分成两块，也许是有很多不同的市场因素影响，可能也考虑到代理商服务半径和服务效率。对于经销商来说，各自拥有的环境（T）可能更复杂，需要两位老板因地制宜，按照当地习惯，厂家不一定熟悉当地的市场情况，新厂家进入新市场更是如此。

其次，对于厂家和两位老板来说，新产品（P）无论是出厂价还是产品政策都是一样的，质量也是一样的。但是对滞销库存产品（P）采取什么促销策略（S），厂家并没给出明确的说明，只是规定促销期限，暗中告诉你还可以乱价，其实也就是厂家在规避促销费用，尽量不损失公司利益。但是两位老板各自采取什么促销策略（S），前提条件是最多分3次，还必须在30天内把滞销产品卖完。也就是说，在限定条件下，老板自己看着办，赚钱是你的，赔钱了公司也不管。因此，本次Y食品公司要求促销的目的非常明确，就是把滞销库存产品迅速卖掉，至于经销商促销卖掉后能获得多少效益，两位老板自己想办法。

第三节　案例：解析M公司山楂饮品促销的72变

一、机会促销

有人也许会问，机会也要促销？机会当然需要促销。我一直主张任何事情都要敢于试错，你才有机会和别人不一样。企业推出的产品，我们都希望有很好的销路，消费者乐于接受。那么，什么样的产品会畅销呢？两个途径：第一种是先有产品，然后根据产品消费群体去寻找适合产品去处的管道；第二种是通过市场调研，了解消费者需要什么产品，企业锁定一个层面生产相应的产品。现在快消品界都知道M公司推出了山楂饮品——消时乐，其实这是后话。因为在项目启动之前，谁都不知道要推什么产品，只是一个偶然机会，M公司领导和几位行业巨头及专业平台领导在一起聚餐时，闲聊自然离不开专业话题。通过智能交锋、思想碰撞，M公司发现目前市场上山楂饮品势头不错，但是还没有领导品牌，于是就找到了推山楂饮品的市场机会点。

按照TPS系统寻找商机的方法，首先就是对环境（T）的分析，通过调研信息找到机会产品（P），接着就是如何启动项目，使用什么策略（S）。

二、点子风险促销

这里要说的点子风险，就是产品（P）进入市场（T）的风险，需要通过什么策略（S）来降低。M公司通过头脑风暴这个非常传统的促销办法，寻找到了自己的市场机会点。虽然通过智慧找到了机会点产品，但是这个机会是不是可行、能走多远，谁都不敢肯定。为了把风险降到最低，M公司操盘消时乐的李总又与华糖媒体河南省大区的陈总监及S设计公司于总等进一步做了风险促销评估，也就是我们常说的内部测试。糖烟酒陈总监在会上再一次深入地为大家分析了山楂饮品当前的市场情况和未来可能的发展空间，时间定格在2016年11月16日。按照陈总监的话来说："我也没想到过后的这一年，消时乐果然风起云涌，真正掀起了中国饮品的山楂红。"

三、场景招商广促销

消时乐产品成型后，已经临近春节，M公司并没有急着招商，而是提前造势，先把产品送到华糖的每个办公室，作为常规接待饮用产品，同时参加华糖在2016年12月18日举办的万商领袖大会。凭借消时乐的内在质量和包装，以及万商会上行业主流人群的强势传播，很快得到了主流管道商的认同，没想到意向客户几百家，成功签约了10多家，而且有几家是年销售额过亿元的客户，为首批管道开拓奠定了基础。

如果把这个过程融入TPS系统，经销商就相当于大环境（T），每个不同的经销商都是变化的商业结构，但是对于每个厂家都是公平的。通过什么方法、什么形式找到认可消时乐这个产品（P），这又回到了策略（S）问题。简单一点说，M公司消时乐产品就是通过华糖举办的万商大会，创造体验场景，向主流行业展示，为招商造势告知大家，"我是消时乐，我来了"。

四、现代工具社群传播促销

消时乐后来总结新营销体系，见人就推销这个体系。那么，到底什么是新营销？

刘春雄老师说：“4P 皆传播。”

张学军老师说：“营销即传播。”

牛恩坤老师说：“社群即传播。”

于卫红老师说：“设计即传播。”

方刚老师说：“要为传播提供组织保障。”

消时乐李学锋：“所有传播，皆为我所用。”

总之，消时乐是借助现代工具，利用新营销传播，谁让互联网是传播信息的呢？我听过新营销的核心内容，说的是“场景是产品逻辑，IP 是品牌逻辑，社群是客户关系逻辑，传播是营销逻辑，或者用四句话解读：产品就是 IP；所有接触点都是传播点；所有推广活动都有传播价值；传播是营销的灵魂”。我认为他们说的都对，毕竟新营销概括了 4 个关键词：场景、IP、社群、传播。按照 TPS 系统我还是认为这是一个策略（S）问题，也就是解决如何让产品（P）在大众环境（T）中动销的问题。为此，我 2017 年 9 月深入孟州、修武、清丰、南乐、范县等消时乐标杆示范区探访调研，结合 TPS 系统进行独家分析。

五、准商和潜商社群促销

准商就是已经合作的经销商，潜商就是计划纳入或者想加入但还在犹豫的经销商。利用现代通信工具，把准商和潜商放进一个微信社群中，由专人管理，公司出台相应的出货奖励政策。准商铺出去几件货，同时做好终端形象摆放，上传现场输出点门店门头和产品形象展示图。M 公司高层主管随时给予丰厚的一对一红包奖励，把大量的现场实景统统集中到社群中，同时不间断进行各种互动，用不了多长时间，潜商自然就心动了。

需要注意的是：进来的准商要有激情，有正向能量。请入陪衬的潜商要有针对性和目的性，每次 1～3 位。对潜在客户提出的问题要及时给予说明，因为这种社群促销活动用的是策中策，目的是要搞定犹豫不决的客户，最终确定自己理想的合作对象。

按照 TPS 系统，这里的社群促销就是一个策略（S）活动，策略活动的最终结果是要找到理想的合作伙伴。因此，无论是已经开发的合作伙伴还是未开发犹豫不定的潜在伙伴，在管道策略中都是一个独立的环境（T），不同的环境对于相同的产品（P）来说都是陌生的，需要时间或者条件增加信任也是正常的。通过这种准商和潜商社群互动（S），把大量现实场景搬到了社群中，让潜商身临其境，在娱乐互动中很快打消顾虑。

六、终端社群“舞剑”的现代娱乐促销

准备开发某个区域时，先不要急于铺货，而是由业务主管针对待开发区域建立社群，业务员先到终端探店。凡是拜访到的终端门店，业务员只问老板有没有微信，只要老板有微信，业务员就把门店老板拉入群，然后参与 M 公司的终端现场互动。在本群开展的活动只要两个主题：一个是终端老板对行业新产品的看法，也就是终端门店老板关心的问题；另一个是 M 公司的产品特性传播，以及即将开展的铺市活动。

在社群进行互动时，每天分阶段拉入其他区域的业务员参与进来。业务员在群里现场实时上传铺货门店门头、老板接货数量的照片，M 公司高层给予一对一红包奖励，包括其他区域经销商业务单独铺货的也给予红包奖励。同时，只要是终端门店老板卖货的现场，也要上传照片，公司也会给予门店老板相应的红包奖励，再加上一些娱乐的内容，本群非常活跃，随后立即展开攻势对本区域进行铺货活动。活动过程中因为提前有社群体验，图片完全是现身现场的实景，所以正式铺货时到达终端的成交率都特别高。

在这个社群促销中，原本多变的环境（T）变成了一个非常明确的

目标对象。因为促销的最终目的是要攻新目标对象，也就是要让这些目标都接受既定的产品（P），原来的策略在这里已经不再适用，需要选择新的策略（S），同时也要让新目标对象相信原有的目标接受到原有的产品是对的。在新的策略驱动下，通过社群集中实时信息资源并呈现场景图，从而快速感化新目标群，接受同等政策和质量的产品。

七、消时乐新营销的促销缺失

在 TPS 系统中，由于 T 和 P 都是动态变化的，因此，围绕 T 和 P 展开的 S 活动。对于 M 公司针对消时乐的促销活动还有很多，比如，让产品自带流量的场景制造。一是成都糖酒会布展，带着浓浓的环保健康生态味道；二是华糖万商大会，2017 年 12 月 5 日—7 日在郑州市轨迹会展中心 1000 平方米的豪华厅布展，是在吸取成都酒会和 2016 年万商会的基础上，经过升级策划更具亲近大自然感觉的布置，加上巨头助阵销售“新营销系统”解读，呈现出一个亮点。

我也注意到，消时乐新营销体系促销活动存在不少缺失。比如，在产品动销上也做了很多微信红包互动，始终没有发力的最佳时机。按照 TPS 系统 6 个连环节奏循环增量管理的推进，应该是环环相扣，每个环节都不能拉下，但是消时乐在消费者动销环节的活动互动似乎太少，也就是以新营销体系展开的这么多场景促销基本上解决的都是推，而真正拉的动作就少一些。我在想，是消时乐团队考虑不清楚吗？当然不是，终归还是投入产出的问题，都知道撬开嘴巴很重要，但是很困难。

我们力求做到促销效益最大化，这是一个需要前后平衡的问题。终端消费者动销的促销活动：一是人力成本高；二是基础工作量大；三是可能做了很多工作还不见得有显著成效。所以，在这个环节上不仅是消时乐，还有很多厂家都相同，都知道消费者动销是关键，但是撬开消费者嘴巴太困难，所以能绕道就绕道走。

2017 年 12 月中旬，我到湖北省、湖南省走访调研市场时，顺便查看了消时乐的一些门店，发现输出点门店上有存货，是 3 月、4 月分批号产品。相比之下，冠芳山楂树下的批号就比较新，大部分是 9 月、10

月甚至 12 月批号。也许这不能说明什么，但产品批号是反映出产品在终端输出点门店销售快慢的晴雨表。我认为 2018 年消时乐的招商工作应该放缓，把更多的精力放在市场促销工作上，也许市场的表现就会更加完美。

第十四章

Chapter 14

资金回收

第一节　回笼资金的3把金钥匙

企业的资金，有外来资金和自有资金。外来资金有附加条件，也是靠不住的。如果企业达不到附加条件，外来资金就会随时撤离，企业必须是自有资金强大，自己的造血功能必须活跃，输血通道顺畅，才能保持企业的活力。

说资金是企业的血液一点不为过，老谢（化名）是某市某牌系列产品的经销商，在一个区域中就做到了年销售额3000多万元。2016年受全球经济下行、原材料涨价、员工工资涨、油费涨，以及各大竞争对手的挤压，利润大大缩水。再加上厂家的各种任务不减，反而还在不断增加。到2016年年底精算各种账务发现，公司竟然亏了1600多万元、资金链断裂导致资金周转不灵而不得不关门。像老谢这样的遭遇，除了管理和转型升级服务没有跟上时代需求的变化外，最致命的是资金链断裂，这样倒闭的企业很多，比如，武汉新一佳、悟空单车、斯凯无人机、友友用车、金钱豹、俏江南、美味七七、大可乐、西部人等破产关门，主因都是资金链断裂。

资金回笼，目的是保证资金链不断裂，传统思维想到的是卖货收钱或者把欠的钱及时收回来，而 TPS 系统要做的是快速回笼钱的根源及钱的安全，是基于企业环境（T）和产品（P）为基础研究，寻找到最佳的资金回笼策略（S）和资金安全保障措施（S），如图 14－1 所示。

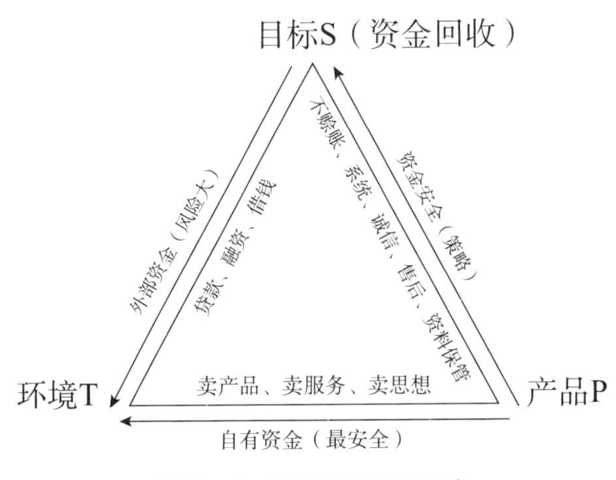

图 14－1　资金回笼 TPS 系统

一、第一把是超强的研发能力

企业无论大小，一定要有超强的产品研发能力，这是回笼资金的第一把金钥匙。特别是当下这个多变的市场，新产品的研发速度如果跟不上市场变化和消费者需求的变化速度，想回笼资金就无从谈起，因为产品是给企业增加血液的动力源。比如，一款脉动让多少企业重新学习新产品，一款味动力搅动乳酸菌饮品市场革命，一款共享单车救活了多少自行车厂，一款六个核桃引发了植物蛋白饮品市场革命，一款莫斯利安酸奶饮品再次让企业看到开发新产品的无限潜力。一款好的产品，包括思想和服务，都能让企业利润无限增加。六个核桃最高峰值达到了 100 亿元，娃哈哈营养快线、爽歪歪新产品，单个产品年销售额最高峰值达到了 200 亿元。

二、第二把是资金安全系统

企业资金回笼，强大、安全的保障服务系统，是保证企业资金顺利回笼的另一把金钥匙。娃哈哈等很多企业都在使用的 ERP 财务管理系统，对客户资金进入管控、客户代垫费用管控、业务员薪资管控、业务员差旅费管控、各种日常开支管控等，对所有资金都进行着严格的控制，账目进出非常清楚，同时也非常安全。比如，娃哈哈公司的账目，某个客户要是不合作了，账面上余留哪怕是一分钱，客户都能够通过 ERP 系统，凭借账号口令在客户端查看到。

如果没有相应的配套软件支撑安全，就容易出现公司账目混乱，或者会有人利用职务便利中饱私囊，谁也不敢提前把资金放在企业账户上。比如，2008 年 W 公司 H 市分公司，就出现财务人员利用职务之便从每一位员工的头上克扣差旅费。因为每个业务员每次被扣掉的数字很小，大家都不容易察觉，后来偶然被一位细心的员工发现了，察觉到自己到账的差旅费与公司实际批复的少几元，这才引起公司相关部门的重视，最后一查，果真查出了大问题。试想一下，如果每个业务员每次被扣掉 3 元，几千个员工，那可不是个小数目，多次累计就会更加惊人。

三、第三把是售后及诚信服务

诚信是任何企业、任何人绝不能少的金钥匙，是企业立足的资本。企业能长期做到所有售后诚信，更是企业快速回笼资金的镇家法宝。比如，娃哈哈公司每年年底联销体保证金收取，随便一收就是十几、二十个亿元现金到达娃哈哈公司账面上，这就是多年积攒的诚信。如果没有强大的售后系统，做到各项工作及服务内容的诚信，在当下恐怕想收一分钱都很难。做企业要诚信，做产品要诚信，做人要诚信，合作要诚信，承诺要诚信，售后要诚信。

云南省一位老奶奶，她的企业主要做羽绒服，因创业失败企业倒闭后，在自己家小院中摆摊售卖库存还账。这位老奶奶说："最初人家把钱给我是相信我，如今欠的债我这里都有借条，我不能不还给人家，我要一点一点把欠债都还上。"

第二节　资金回笼节奏和资金安全

企业对资金回笼节奏的把握：一是要在新产品发布时回笼；二是要抓住主要节气促销回笼，这是公司回笼资金的两个主旋律。

一、新产品发布时

新产品展示的都是企业某个阶段研究的新成果，能给客户带来便捷和便利性，企业必须抓住每一个新产品发布时机提前回笼资金。

华为 2017 年正式发布 Mate10 手机，这是一部全面屏手机，颜色有摩卡金、樱粉金、钻石黑、宝石蓝等，屏占比超过 90%，屏幕为 6.1 寸，纵横比 18:9，分辨率 2160×1080，售价 5000 元~9000 元。CEO 余承东坦言，Mate 10 拥有惊艳的全面屏设计、更长的续航、更快的速度及更出色的双摄表现，这将是 Mate 10 与 iPhone 8 竞争的强大优势。但是，华为并没有直接现货出售，而是采取注册预售制。你如果想买，就要先行在华为商城或者相关客户端注册成会员，每天提前登录，在 10：08 准时开抢。采取的是饥饿法则，你就是拿着钱也不一定能抢到。对于华为来说，每天都是产品还没有发出去，现金已经准时到账了。

二、节气促销时

除了正常的销售回款外，每个节气都是企业销售回款的好机会，企业必须提前把握好，做好充分的主题准备工作，特别是快消品企业。每年的法定节假日，如中秋节、国庆节、春节，企业周年庆、流行的国外节日，还有“双十一”“双十二”等，都是各大厂家促进产品销售的好机会，也是回款的大好时机。2017 年整个阿里巴巴“双十一”的流水大概是 2000 亿元，这些钱只要在阿里巴巴账面上停留一天，阿里巴巴就有大约 1610 万元的利息收入。快消品常用的回款方式就是召开各种订货会，每次订货会到底怎么召开、需要注意哪些事项，我在《娃哈哈区域标杆》一书中已有描述，在这里就不再赘述。

三、资金安全的戒律

企业在进行货物交易过程中，一是别拖欠别人的货款；二是必须进行现款交易，才能树立良好形象和确保企业资金周转正常。

苏州市 S 公司是一家做休闲食品的企业，从 2006 年一直做到现在，虽然企业不大，但是这个企业的资金非常正常。2017 年 5 月一次偶然机会，S 公司陆老板慕名来到郑州市向我咨询企业管理相关事宜。在与陆老板交流时得知，S 公司从来不赊销产品，偶尔一次不赚钱也可以，但是必须是现款交易，概不欠账。所以，时至今日 S 公司形成了一条不成文的规定，从来不做欠款生意和产品赊销生意，当然 S 公司也就没有要催收的货款。

四、箱内资金和野外保险柜

大到一个几百亿元上千亿元的企业，小到一个几百万元的经销商，在日常经营活动中，都会或多或少存在应收货款欠条。常规一点的是放在办公桌的抽屉中，规范一点的是放在档案柜中，粗放一点的直接放临时办公桌的文件夹里，管理做得再细一点的就会把这些票据输入计算机中的相关软件里形成文档保存。无论把欠条存放到哪里，我暂且把它叫作箱内资金，大家以为这样已经管理到位的，应收回款只要有欠条甚至是合同档都是保险的，也是安全的，在我看来这些保管方法其实在这一点上也不保险，而是存在很大的风险。

2008 年，我服务的企业有一家东北经销商，一场大火把仓库全部烧毁，价值上千万元的货物一夜之间化为灰烬，包括公司的所有文件及办公计算机，印象中待收货物欠条金额就有 100 多万元，损失惨重。

2017 年 5 月，郑州市李经理拿着一年前借钱给别人时打的借条要账，中午在一家饭店吃饭时，由于一时疏忽，吃过饭站起来就走了，更糟糕的是当天还没想起来，过了几天才想来把借条弄丢了，在哪儿丢的都不知道，一场噩运就此开始了。没有借条对方怎么也不给钱，实在没办法了，李经理在 10 月把对方告上了法庭。

我建议企业或者经销商，对于应收货款的欠条及重要资料，应该有一个“野外保险柜”，就是把欠条之类的重要文件装进保险柜中，或者拍照片存入移动硬盘，或者上传至网络等，万一遇到突发事件，也可以多一层财产保险。

附录

TPS系统的前世今生

第一节 TPS 系统你不知道的秘密

丰田汽车 2012—2015 年连续 4 年荣获全球品牌销售冠军，仅 2015 年全球销量就接近 1020 万辆，稳居品牌全球销量的冠军宝座。作为营销研究人员，我非常感兴趣的是：丰田汽车到底用了什么管理魔法，成就了丰田在汽车行业中的销售王冠？为什么很多人在购买丰田汽车后，都会不知不觉地爱上它？问其原因，出乎一致的回答是：省时、省力、省钱。原来购买丰田汽车的用户，用过一段时间后，都亲身体会到丰田汽车故障率低（省时）、油耗低（省钱）和综合性能好、返修率低（省事），但是却不知道到底是什么秘密。出于营销人专业的好奇，我专门找到丰田汽车爱好者咨询，结合理论追根溯源，丰田汽车取得如此好的销售成绩，主要是丰田的 TPS 系统事务效率处理系统使得整车的综合性能非常好，于是才成就了丰田汽车在行业中的霸主地位。

TPS 系统到底是什么？

我咨询资深丰田汽车爱好者得知 TPS 是日本丰田生产管理系统，是提高事务处理效率并保证其正确性的事务处理系统，它是美国企业管理理论与日本本土企业实践的产物。我又专门查找资料，得知这个系统最早由日本丰田汽车公司的副社长大野耐一创建，是丰田公司的一种独具特色的现代化管理生产方式。

它顺应时代的发展和市场的变化，经历了20多年的探索和完善，逐渐形成和发展成为今天这样的包括经营理念、生产组织、物流控制、质量管理、成本控制、库存管理、现场管理和现场改善等在内的较为完整的生产管理技术与方法体系。从这个系统内容可以看出，TPS存在于企业的各个职能部门，表现在市场营销、生产制造、财务会计和人力资源，它是日常业务处理、记录、汇总、综合和分类，并为组织的操作层次服务的基本商务系统，而且TPS系统强调的8个零管理，分别是零缺陷、零库存、零交货期、零故障、零纸档、零事故、零废料、零人力资源浪费。这样的管理系统，后来就成为企业联系客户的纽带，也是其他信息系统不可或缺的基础，在施行的过程中有自己独特的框架结构、关键原则和适用条件。

第二节　TPS 系统的“独孤九剑”

一、独孤总决：重复5次为什么

丰田管理要求每个员工在每一项事务的作业环节中，都要重复问5次为什么，然后想如何做，要以严谨的态度打造完美的生产制造任务。这种管理方式：一是可以清晰传达指令，同时也能清晰地收到指令；二是可以每时每刻提高员工解决问题的思维能力，就是当员工遇到任何问题时，都要先问自己5遍，然后想想如何做、为什么做、怎么做，以此高效率地解决问题。

启发：在娃哈哈集团服务期间，记得有一次内务需要一份市场调研表，当时没想也没问什么就直接回答没问题，但是自己犯了一个致命的错误，忘了问内务要这份调研表的具体时间，导致上午接到指令下午就要，而我错误地以为第二天要。这样的尴尬事你是不是也遇到过呢？在遇到问题或者做事情时，一定要多问几遍为什么。比如，为什么要打造样板市场？怎么做？最终目的是什么？

二、独孤破刀：排除浪费

任何企业，都应该倡导节俭，拒绝浪费。丰田的管理细到排除浪费任何一丝材料、人力、时间、能量、空间、程序、搬运或其他资源，即排除生产现场的各种不正常与不必要的动作、时间、人力的浪费，这是丰田生产方式最基本的概念。2009 年我在服务旺旺集团期间，一位领导来郑州市办公室视察后，要求内务人员在使用纸张时两面都要使用，这次使用 A 面，下次使用 B 面，就是这样简单的改变，能为公司节省一半的办公费用。

启发：我想起 IBM 公司把留给员工的固定车位改成不固定车位，员工每天上班时，来得早的要把车停到最远的车位上，把近的车位留给后来的人，来得晚了可能就没有车位了，结果发现没有一个人早上迟到。做市场营销也一样，一是要为企业创造效益，为企业节省市场拓展时间；二是要为企业省钱。

三、独孤破鞭：建立广告牌体系

丰田汽车的广告牌体系，就是对原有流程进行重新改造，传统的由前端经营者主导生产数量改变升级为重视后端顾客需求，后面的工程人员只需要通过广告牌告诉前一项工程人员的需求。比如，零件需要多少件，什么时候补货，即是用“逆向”去控制生产数量的供应链管理模式。经过长期数据研究实践，得出这种方式不仅能节省库存成本（达到零库存管理是丰田 TPS 管理系统中的管理之一），更重要的是能将流程效率化，从而为企业创造更多的经济效益。

启发：如果能用这种模式打造样板市场，把常规样板市场的传统打法进行重新排序，应该能解决目前大多数老板对于样板市场不能复制的心病。

四、独孤破箭：强调实时存货

在这个工具系统中，依据顾客需求，只需生产必要的东西，并在必要时生产出来，且按需生产必要的数量。这种丰田独创的生产管理概念，即在20世纪80年代就带给美国企业变革的思维，现已经有很多企业沿用并且都是成功的案例。

启发：雷军小米手机的生产管理模式和这个管理原则要求是不是很相似？这正好是大多数老板都担心的年度计划问题，如果能找到计划目标数据与市场实际可执行数据吻合对接，一能为企业节省资源；二能为企业节省更多的成本。

五、独孤破气：标准作业彻底化

日常管理活动中，丰田人对生产中每个活动、内容、顺序、时间控制和结果等所有工作细节都制定了严格的规范，比如，装轮胎、引擎需要几分几秒，就是这样精准。这并不是说标准是一成不变的，而是不断更新升级的，只要工作人员发现更好更有效率的方法，无论是谁，也不分职位高低，都可以变更标准作业，还可以得到公司丰厚的奖励，目的在于促进生产效率并引领行业技术革新。

启发：顾客提的建议和员工提的好点子，只要被海底捞公司采纳，都会得到很高的奖励。传统做法一般都是先计划出目标数字，然后下发执行，而在真正执行计划落地时，发现市场根本不接受计划，常常导致有计划没结果。这就像国内很多企业学习国外的制度，看起来很规范，但是不适合企业发展。

六、独孤破索：生产平衡化

在丰田管理看来，所谓平衡化是指“取量均值性”。假如后生产工程取量变化大，则前生产工程必须准备最高量，因而产生高库存的浪费，这是生产安全的一个重要延伸点，更是一个深层次的思想认识。所以，丰田要求各生产工程取量尽可能达到平均值，也就是保持前后一致，为的是将需求与供应达成平衡，降低库存成本与生产浪费成本。

启发：既保持流程化，又允许更新升级找到新的平衡。新的营销策略要求增加更多的新方法、寻求新的爆量点，绝不能为了短期冲量，使每一个环节都要为企业考虑如何利用新的平衡节约成本，更重要的是必须考虑动销最大化的平衡，不浪费资源。

七、独孤破枪：充分运用“活人和活空间”

在不断改善流程的情况下，丰田发现生产量不变，生产空间却可精简许多，而这些剩余的空间，反而可以灵活运用。人员也是一样，比如，一个生产线原来有6个人在组装，如果抽掉一个人，则那个人的工作空间自动缩小，空间空出来后，工作由6个人变成5个人，原来那个人的工作被其他5人取代。这样灵活的工作体系，丰田称为“活人、活空间”，即鼓励员工都成为“多能工、全能工”，以创造最高价值。

启发：企业裁员时，大多数人的第一反应就是这个企业可能出问题了，事实上可能企业正在进行一场新的变革。市场营销队伍组建是不是也可以跨行业选择人才组建新的队伍，这样组成的新队伍才能拥有更多全新的思想，战斗起来才会更加灵活。

八、独孤破掌：养成自动化习惯

这里的自动化不仅是指机器系统的高质量，还包括人的行为习惯自动化，也就是要养成好的工作习惯，不断学习创新、不断更新思想观念，这是一个值钱的内在生涯规划，也是企业的责任。这一点完全如松下幸之助所说的：“做东西和做人一样。”通过生产现场教育训练的不断改进与激励，让每位员工的综合素质越来越高，反应越来越快、越来越精确。

启发：市场营销手段要随着市场竞争趋势的变化而变化，工作人员要养成在行进中快速反应的习惯，但不能是惯性习惯，要跳出原有的思维圈，时常都要有用新思维解决老问题的习惯。

九、独孤破剑：弹性生产方式

以前在生产线的作业方式，一个步骤接着一个步骤地组装，但现在有时会视情况做出必要的弹性调整，调整成几个员工在一个作业平台上同时作业生产。现在有很多电子产品制造业都在利用，比如，NEC 的手机制造工厂，因为需要同时生产二十几种款式的手机，所以启动机器人从而设法提高工作效率。华为手机从立项、研发、生产到销售，就采用弹性的生产管理方式，一桌 3 ~4 个员工作业，解决提高现场生产效率的问题。

启发：在打造样板时，不同区域的各种目标细化和队伍组建都应该是变化的，不同的环境、不一样的产品要采取不一样的策略，一成不变的制度化流程只会僵化员工的思维方式，企业要的是创新经济，而不是截取经济。

总之，从丰田汽车生产管理 TPS 效率事务处理系统关键原则可以看出，任何一件事情，要提高经济效益，就要做到每个环节的流程规范化，都要存在严格的系统管理体系。在这些体系运作时，可以有新的想法并不断升级，每个环节都可以建立新的广告牌标准，由标准广告牌来主导这些系统经营。可是在国内的很多企业中，热衷于拿到别人的管理方式，照搬照用，因为忽略了很多灵活的环节，导致企业越管问题越多，甚至把企业管“死”了。

再看看丰田，正是因为丰田研究出并灵活使用了这套系统，使得在丰田汽车的组件中，单个零部件不一定是性能最好的，但是整车综合性能确实是非常好的。比如，最典型、最经济的卡罗拉车型，经济、实惠、事故率低。同时，也为我研究如何打造可复制标杆市场的关键流程和方法提供了一些参考，但是如何提炼这套系统并简化成模式，应用到市场营销中？用此模式打造出来的样板市场是不是可以快速复制、持续增量呢？请你与我一起去探索。

推荐作者得新书！

博瑞森征稿启事

亲爱的读者朋友：

感谢您选择了博瑞森图书！希望您手中的这本书能给您带来实实在在的帮助！

博瑞森一直致力于发掘好作者、好内容，希望能把您最需要的思想、方法，一字一句地交到您手中，成为管理知识与管理实践的桥梁。

但是我们也知道，有很多深入企业一线、经验丰富、乐于分享的优秀专家，或者忙于实战没时间，或者缺少专业的写作指导和便捷的出版途径，只能茫然以待……

还有很多在竞争大潮中坚守的企业，有着异常宝贵的实践经验和独特的洞察，但缺少专业的记录和整理者，无法让企业的经验和故事被更多的人了解、学习……

对读者而言，这些都太遗憾了！

博瑞森非常希望能将这些埋藏的“宝藏”发掘出来，贡献给广大读者，让更多的人从中受益。

所以，我们真心地邀请您，我们的老读者，帮我们搜寻：

推荐作者

可以是您自己或您的朋友，只要对本土管理有实践、有思考；可以是您通过网络、杂志、书籍或其他途径了解的某位专家，不管名气大小，只要他的思想和方法曾让您深受启发。

可以是管理类作品，也可以超出管理，各类优秀的社科作品或学术作品。

推荐企业

可以是您自己所在的企业，或者是您熟悉的某家企业，其创业过程、运营经历、产品研发、机制创新，等等。无论企业大小，只要乐于分享、有值得借鉴书写之处。

总之，好内容就是一切！

博瑞森绝非“自费出书”，出版费用完全由我们承担。您推荐的作者或企业案例一经采用，我们会立刻向您赠送书币1000元，可直接换取任何博瑞森图书的纸书或电子书。

感谢您对本土管理原创、博瑞森图书的支持！

推荐投稿邮箱：bookgood@126.com　　推荐手机：13611149991

1120 本土管理实践与创新论坛

这是由 100 多位本土管理专家联合创立的企业管理实践学术交流组织，旨在孵化本土管理思想、促进企业管理实践、加强专家间交流与协作。

论坛每年集中力量办好两件大事：第一，“**出一本书**”，汇聚一年的思考和实践，把最原创、最前沿、最实战的内容集结成册，贡献给读者；第二，“**办一次会**”，每年 11 月 20 日本土管理专家们汇聚一堂，碰撞思想、研讨案例、交流切磋、回馈社会。

论坛理事名单（以年龄为序，以示传承之意）

企业案例·老板传记

	书名. 作者	内容/特色	读者价值
企业案例·老板传记	**你不知道的加多宝:原市场部高管讲述** 曲宗恺　牛玮娜　著	前加多宝高管解读加多宝	全景式解读,原汁原味
	借力咨询:德邦成长背后的秘密 官同良　王祥伍　著	讲述德邦是如何借助咨询公司的力量进行自身与发展的	来自德邦内部的第一线资料,真实、珍贵,令人受益匪浅
	娃哈哈区域标杆:豫北市场营销实录 罗宏文　赵晓萌　等著	本书从区域的角度来写娃哈哈河南分公司豫北市场是怎么进行区域市场营销,成为娃哈哈全国第一大市场、全国增量第一高市场的一些操作方法	参考性、指导性,一线真实资料
	六个核桃凭什么:从0过100亿 张学军　著	首部全面揭秘养元六个核桃裂变式成长的巨著	学习优秀企业的成长路径,了解其背后的理论体系
	像六个核桃一样:打造畅销品的36个简明法则 王　超　范　萍　著	本书分上下两篇:包括"六个核桃"的营销战略历程和36条畅销法则	知名企业的战略历程极具参考价值,36条法则提供操作方法
	解决方案营销实战案例 刘祖轲　著	用10个真案例讲明白什么是工业品的解决方案式营销,实战、实用	有干货、真正操作过的才能写得出来
	招招见销量的营销常识 刘文新　著	如何让每一个营销动作都直指销量	适合中小企业,看了就能用
	我们的营销真案例 联纵智达研究院　著	五芳斋粽子从区域到全国/诺贝尔瓷砖门店销量提升/利豪家具出口转内销/汤臣倍健的营销模式	选择的案例都很有代表性,实在、实操!
	中国营销战实录:令人拍案叫绝的营销真案例 联纵智达　著	51个案例,42家企业,38万字,18年,累计2000余人次参与……	最真实的营销案例,全是一线记录,开阔眼界
	双剑破局:沈坤营销策划案例集 沈　坤　著	双剑公司多年来的精选案例解析集,阐述了项目策划中每一个营销策略的诞生过程,策划角度和方法	一线真实案例,与众不同的策划角度令人拍案叫绝、受益匪浅
	宗:一位制造业企业家的思考 杨　涛　著	1993年创业,引领企业平稳发展20多年,分享独到的心得体会	难得的一本老板分享经验的书
	简单思考:AMT咨询创始人自述 孔祥云　著	著名咨询公司(AMT)的CEO创业历程中点点滴滴的经验与思考	每一位咨询人,每一位创业者和管理经营者,都值得一读
	边干边学做老板 黄中强　著	创业20多年的老板,有经验、能写、又愿意分享,这样的书很少	处处共鸣,帮助中小企业老板少走弯路
	三四线城市超市如何快速成长:解密甘雨亭 IBMG国际商业管理集团　著	国内外标杆企业的经验+本土实践量化数据+操作步骤、方法	通俗易懂,行业经验丰富,宝贵的行业量化数据,关键思路和步骤
	中国首家未来超市:解密安徽乐城 IBMG国际商业管理集团　著	本书深入挖掘了安徽乐城超市的试验案例,为零售企业未来的发展提供了一条可借鉴之路	通俗易懂,行业经验丰富,宝贵的行业量化数据,关键思路和步骤
互联网+	**新营销** 刘春雄　著	新营销的新框架体系是场景是产品逻辑,IP是品牌逻辑,社群是连接逻辑,传播是营销逻辑	助力品牌商实现由传统营销到新营销的理念和行动的跨越,助力企业打赢升级转型之仗
	企业微信营销全指导 孙　巍　著	专门给企业看到的微信营销书,手把手教企业从小白到微信营销专家	企业想学微信营销现在还不晚,两眼一抹黑也不怕,有这本书就够
	企业网络营销这样做才对:B2B　大宗B2C 张　进　著	简单直白拿来就用,各种窍门信手拈来,企业网络营销不麻烦也不用再头疼,一般人不告诉他	B2B、大宗B2C企业有福了,看了就能学会网络营销

续表

互联网 +			
	书名．作者	内容/特色	读者价值
互联网+	互联网时代的银行转型 韩友诚　著	以大量案例形式为读者全面展示和分析了银行的互联网金融转型应对之道	结合本土银行转型发展案例的书籍
	正在发生的转型升级·实践 本土管理实践与创新论坛　著	企业在快速变革期所展现出的管理变革新成果、新方法、新案例	重点突出对于未来企业管理相关领域的趋势研判
	触发需求：互联网新营销样本·水产 何足奇　著	传统产业都在苦闷中挣扎前行，本书通过鲜活的案例告诉你如何以需求链整合供应链，从而把大家熟知的传统行业打碎了重构、重做一遍	全是干货，值得细读学习，并且作者的理论已经经过了他亲自操刀的实践检验，效果惊人，就在书中全景展示
	移动互联新玩法：未来商业的格局和趋势 史贤龙　著	传统商业、电商、移动互联，三个世界并存，这种新格局的玩法一定要懂	看清热点的本质，把握行业先机，一本书搞定移动互联网
	微商生意经：真实再现33个成功案例操作全程 伏泓霖　罗晓慧　著	本书为33个真实案例，分享案例主人公在做微商过程中的经验教训	案例真实，有借鉴意义
	阿里巴巴实战运营——14招玩转诚信通 聂志新　著	本书主要介绍阿里巴巴诚信通的十四个基本推广操作，从而帮助使用诚信通的用户及企业更好地提升业绩	基本操作，很多可以边学边用，简单易学
	互联网精准营销：创造爆发式的商业价值 蒋　军　著	怎么在互联网时代整体策划、包装品牌和产品，并在此基础上为企业设计商业模式，技术实现并运营落地	为有基础的小微企业（大企业的新项目）1年实现销售额过亿，2年对接资本，3年左右准IPO
	今后这样做品牌：移动互联时代的品牌营销策略 蒋　军　著	与移动互联紧密结合，告诉你老方法还能不能用，新方法怎么用	今后这样做品牌就对了
	互联网+"变"与"不变"：本土管理实践与创新论坛集萃·2016 本土管理实践与创新论坛　著	本土管理领域正在产生自己独特的理论和模式，尤其在移动互联时代，有很多新课题需要本土专家们一起研究	帮助读者拓宽眼界、突破思维
	创造增量市场：传统企业互联网转型之道 刘红明　著	传统企业需要用互联网思维去创造增量，而不是用电子商务去转移传统业务的存量	教你怎么在"互联网+"的海洋中创造实实在在的增量
	重生战略：移动互联网和大数据时代的转型法则 沈　拓　著	在移动互联网和大数据时代，传统企业转型如同生命体打算与再造，称之为"重生战略"	帮助企业认清移动互联网环境下的变化和应对之道
	画出公司的互联网进化路线图：用互联网思维重塑产品、客户和价值 李　蓓　著	18个问题帮助企业一步步梳理出互联网转型思路	思路清晰、案例丰富，非常有启发性
	7个转变，让公司3年胜出 李　蓓　著	消费者主权时代，企业该怎么办	这就是互联网思维，老板有能这样想，肯定倒不了
	跳出同质思维，从跟随到领先 郭　剑　著	66个精彩案例剖析，帮助老板突破行业长期思维惯性	做企业竟然有这么多玩法，开眼界

续表

行业类:零售、白酒、食品/快消品、农业、医药、建材家居等			
书名.作者		内容/特色	读者价值
零售·超市·餐饮·服装	**总部有多强大,门店就能走多远** IBMG 国际商业管理集团　著	如何把总部做强,成为门店的坚实后盾	了解总部建设的方法与经验
	超市卖场定价策略与品类管理 IBMG 国际商业管理集团　著	超市定价策略与品类管理实操案例和方法	拿来就能用的理论和工具
	连锁零售企业招聘与培训破解之道 IBMG 国际商业管理集团　著	围绕零售企业组织架构、培训体系建设等内容进行深刻探讨	破解人才发现和培养瓶颈的关键点
	中国首家未来超市:解密安徽乐城 IBMG 国际商业管理集团　著	介绍了乐城作为中国首家未来超市从无到有的传奇经历	了解新型零售超市的运作方式及管理特色
	三四线城市超市如何快速成长:解密甘雨亭 IBMG 国际商业管理集团　著	揭秘一家三四线连锁超市的经验策略	不但可以欣赏它的优点,而且可以学会它成功的方法
	涨价也能卖到翻 村松达夫　【日】	提升客单价的 15 种实用、有效的方法	日本企业在这方面非常值得学习和借鉴
	移动互联下的超市升级 联商网专栏频道　著	深度解析超市转型升级重点	帮助零售企业把握全局、看清方向
	手把手教你做专业督导:专卖店、连锁店 熊亚柱　著	从督导的职能、作用,在工作中需要的专业技能、方法,都提供了详细的解读和训练办法,同时附有大量的表单工具	无论是店铺需要统一培训,还是个人想成为优秀的督导,有这一本就够了
	百货零售全渠道营销策略 陈继展　著	没有照本宣科、说教式的絮叨,只有笔者对行业的认知与理解,庖丁解牛式的逐项解析、展开	通俗易懂,花极少的时间快速掌握该领域的知识及趋势
	零售:把客流变成购买力 丁　昀　著	如何通过不断升级产品和体验式服务来经营客流	如何进行体验营销,国外的好经营,这方面有启发
	餐饮企业经营策略第一书 吴　坚　著	分别从产品、顾客、市场、盈利模式等几个方面,对现阶段餐饮企业的发展提出策略和思路	第一本专业的、高端的餐饮企业经营指导书
	电影院的下一个黄金十年:开发·差异化·案例 李保煜　著	对目前电影院市场存大的问题及如何解决进行了探讨与解读	多角度了解电影院运营方式及代表性案例
	赚不赚钱靠店长:从懂管理到会经营 孙彩军　著	通过生动的案例来进行剖析,注重门店管理细节方面的能力提升	帮助终端门店店长在管理门店的过程中实现经营思路的拓展与突破
耐消品	**商用车经销商运营实战** 杜建君　王朝阳　章晓青　等著	从管理到经营,从销售到服务,系统化运作全指导	为经销商经营开阔思路,掌握方法
	汽车配件这样卖:汽车后市场销售秘诀 100 条 俞士耀　著	汽配销售业务员必读,手把手教授最实用的方法,轻松得来好业绩	快速上岗,专业实效,业绩无忧
	跟行业老手学经销商开发与管理:家电、耐消品、建材家居 黄润霖　著	全部来源于经销商管理的一线问题,作者用丰富的经验将每一个问题落实到最便捷快速的操作方法上去	书中每一个问题都是普通营销人亲口提出的,这些问题你也会遇到,作者进行的解答则精彩实用

续表

白酒	**酒水饮料快消品餐饮渠道营销手册** 朱伟杰　著	主要针对快消品(酒水、饮料)的餐饮渠道,提供了区域、商圈、不同业态的规划和促销安排等多种工具,并提出了经销商、批发商等相关人员的管理方法	一本酒水饮料如何在餐饮渠道销售的全能手册,内容深入翔实,可以直接照搬套用,这样的便利简直千金不换
	白酒到底如何卖 赵海永　著	以市场实战为主,多层次、全方位、多角度地阐释了白酒一线市场操作的最新模式和方法,接地气	实操性强,37 个方法、6 大案例帮你成功卖酒
	变局下的白酒企业重构 杨永华　著	帮助白酒企业从产业视角看清趋势,找准位置,实现弯道超车的书	行业内企业要减少 90%,自己在什么位置,怎么做,都清楚了
	1. 白酒营销的第一本书(升级版) **2. 白酒经销商的第一本书** 唐江华　著	华泽集团湖南开口笑公司品牌部长,擅长酒类新品推广、新市场拓展	扎根一线,实战
	区域型白酒企业营销必胜法则 朱志明　著	为区域型白酒企业提供 35 条必胜法则,在竞争中赢销的葵花宝典	丰富的一线经验和深厚积累,实操实用
	10 步成功运作白酒区域市场 朱志明　著	白酒区域操盘者必备,掌握区域市场运作的战略、战术、兵法	在区域市场的攻伐防守中运筹帷幄,立于不败之地
	酒业转型大时代:微酒精选 2014－2015 微酒　主编	本书分为五个部分:当年大事件、那些酒业营销工具、微酒独立策划、业内大调查和十大经典案例	了解行业新动态、新观点,学习营销方法
快消品·食品	**中国快消品营销的这些年** 史贤龙　著	作者精华文章的合集,一本书浓缩了过去十五年,中国营销的实战历程与前沿思考	快消品营销行业的案例和方法都原汁原味呈现,在反映当时风貌的同时,展望与反思
	营销中国茶:2 小时读懂茶叶营销 史贤龙　著	从不同视角对中国的茶营销进行了思考,内容涉及中国茶产业战略困境、茶企规模化、茶品牌崛起、茶文化、茶营销、茶消费、茶零售、茶道等	内容丰富扎实,文字流畅,浓缩的都是精华,让你 2 小时读懂茶叶营销
	这样打造快消品标杆市场 罗宏文　著	帮助你解决如何成功打造标杆市场和进行持续增量管理两大问题	一套系统的方法论,通俗易懂,可以直接套用
	5 小时读懂快消品营销:中国快消品案例观察 陈海超　著	多年营销经验的一线老手把案例掰开了、揉碎了,从中得出的各种手段和方法给读者以帮助和启发	营销那些事儿的个中秘辛,求人还不一定告诉你,这本书里就有
	快消品招商的第一本书:从入门到精通 刘　雷　著	深入浅出,不说废话,有工具方法,通俗易懂	让零基础的招商新人快速学习书中最实用的招商技能,成长为骨干人才
	乳业营销第一书 侯军伟　著	对区域乳品企业生存发展关键性问题的梳理	唯一的区域乳业营销书,区域乳品企业一定要看
	食用油营销第一书 余　盛　著	10 多年油脂企业工作经验,从行业到具体实操	食用油行业第一书,当之无愧
	中国茶叶营销第一书 柏　龑　著	如何跳出茶行业"大文化小产业"的困境,作者给出了自己的观察和思考	不是传统做茶的思路,而是现在商业做茶的思路
	调味品营销第一书 陈小龙　著	国内唯一一本调味品营销的书	唯一的调味品营销的书,调味品的从业者一定要看
	快消品营销人的第一本书:从入门到精通 刘　雷　伯建新　著	快消行业必读书,从入门到专业	深入细致,易学易懂
	变局下的快消品营销实战策略 杨永华　著	通胀了,成本增加,如何从被动应战变成主动的"系统战"	作者对快消品行业非常熟悉、非常实战

续表

快消品·食品	**快消品经销商如何快速做大** 杨永华　著	本书完全从实战的角度，评述现象，解析误区，揭示原理，传授方法	为转型期的经销商提供了解决思路，指出了发展方向
	一位销售经理的工作心得 蒋　军　著	一线营销管理人员想提升业绩却无从下手时，可以看看这本书	一线的真实感悟
	快消品营销：一位销售经理的工作心得2 蒋　军　著	快消品、食品饮料营销的经验之谈，重点图书	来源与实战的精华总结
	快消品营销与渠道管理 谭长春　著	将快消品标杆企业渠道管理的经验和方法分享出来	可口可乐、华润的一些具体的渠道管理经验，实战
	成为优秀的快消品区域经理（升级版） 伯建新　著	用“怎么办”分析区域经理的工作关键点，增加30%全新内容，更贴近环境变化	可以作为区域经理的“速成催化器”
	销售轨迹：一位快消品营销总监的拼搏之路 秦国伟　著	本书讲述了一个普通销售员打拼成为跨国企业营销总监的真实奋斗历程	激励人心，给广大销售员以力量和鼓舞
	快消老手都在这样做：区域经理操盘锦囊 方　刚　著	非常接地气，全是多年沉淀下来的干货，丰富的一线经验和实操方法不可多得	在市场摸爬滚打的“老油条”，那些独家绝招妙招一般你问都是问不来的
	动销四维：全程辅导与新品上市 高继中　著	从产品、渠道、促销和新品上市详细讲解提高动销的具体方法，总结作者18年的快消品行业经验，方法实操	内容全面系统，方法实操
农业	**新农资如何换道超车** 刘祖轲　等著	从农业产业化、互联网转型、行业营销与经营突破四个方面阐述如何让农资企业占领先机、提前布局	南方略专家告诉你如何应对资源浪费、生产效率低下、产能严重过剩、价格与价值严重扭曲等
	中国牧场管理实战：畜牧业、乳业必读 黄剑黎　著	本书不仅提供了来自一线的实际经验，还收入了丰富的工具文档与表单	填补空白的行业必读作品
	中小农业企业品牌战法 韩　旭　著	将中小农业企业品牌建设的方法，从理论讲到实践，具有指导性	全面把握品牌规划，传播推广，落地执行的具体措施
	农资营销实战全指导 张　博　著	农资如何向“深度营销”转型，从理论到实践进行系统剖析，经验资深	朴实、使用！不可多得的农资营销实战指导
	农产品营销第一书 胡浪球　著	从农业企业战略到市场开拓、营销、品牌、模式等	来源于实践中的思考，有启发
	变局下的农牧企业9大成长策略 彭志雄　著	食品安全、纵向延伸、横向联合、品牌建设……	唯一的农牧企业经营实操的书，农牧企业一定要看
医药	**在中国，医药营销这样做：时代方略精选文集** 段继东　主编	专注于医药营销咨询15年，将医药营销方法的精华文章合编，深入全面	可谓医药营销领域的顶尖著作，医药界读者的必读书
	医药新营销：制药企业、医药商业企业营销模式转型 史立臣　著	医药生产企业和商业企业在新环境下如何做营销？老方法还有没有用？如何寻找新方法？新方法怎么用？本书给你答案	内容非常现实接地气，踏实谈问题说方法
	医药企业转型升级战略 史立臣　著	约企转型升级有5大途径，并给出落地步骤及风险控制方法	实操性强，有作者个人经验总结及分析
	新医改下的医药营销与团队管理 史立臣　著	探讨新医改对医药行业的系列影响和医药团队管理	帮助理清思路，有一个框架
	医药营销与处方药学术推广 马宝琳　著	如何用医学策划把“平民产品”变成“明星产品”	有真货、讲真话的作者，堪称处方药营销的经典！
	医药行业大洗牌与药企创新 林延君　沈　斌　著	一方面，围绕着变革，多角度阐述药企的应对之道；另一方面，紧扣实践，介绍近百家医药企业创新实践案例	医改变革10年，医药企业如何应对大洗牌？重磅出击的药企人必读书
	新医改了，药店就要这样开 尚　锋　著	药店经营、管理、营销全攻略	有很强的实战性和可操作性

续表

医药	**电商来了,实体药店如何突围** 尚　锋　著	电商崛起,药店该如何突围?本书从促销、会员服务、专业性、客单价等多重角度给出了指导方向	实战攻略,拿来就能用
	OTC 医药代表药店销售 36 计 鄢圣安　著	以《三十六计》为线,写 OTC 医药代表向药店销售的一些技巧与策略	案例丰富,生动真实,实操性强
	OTC 医药代表药店开发与维护 鄢圣安　著	要做到一名专业的医药代表,需要做什么、准备什么、知识储备、操作技巧等	医药代表药店拜访的指导手册,手把手教你快速上手
	引爆药店成交率 1:店员导购实战 范月明　著	一本书解决药店导购所有难题	情景化、真实化、实战化
	引爆药店成交率 2:经营落地实战 范月明　著	最接地气的经营方法全指导	揭示了药店经营的几类关键问题
	引爆药店成交率:专业化销售解决方案 范月明　著	药品搭配分析与关联销售	为药店人专业化助力
	处方药零售这样做 田　军　著	阐述了处方药零售的重要性,以及做处方药零售市场的具体措施和方法	系统性了解和掌握处方药零售方法
建材家居	**成为最赚钱的家具建材经销商** 李治江　著	从销售模式、产品、门店等老板们最关注和最需要的方面解决问题、提供方法	只要你是建材、家具、家居用品的经销商老板,这就是一本必读的书
	家具行业操盘手 王献永　著	家具行业问题的终结者	解决了干家具还有没有前途?为什么同城多店的家具经销商很难做大做强等问题
	建材家居营销:除了促销还能做什么 孙嘉晖　著	一线老手的深度思考,告诉你在建材家居营销模式基本停滞的今天,除了促销,营销还能怎么做	给你的想法一场革命
	建材家居营销实务 程绍珊　杨鸿贵　主编	价值营销运用到建材家居,每一步都让客户增值	有自己的系统、实战
	家居建材门店 6 力爆破 贾同领　著	合盘道出一线品牌销量秘籍	6 力找找见血,既有招数,又有策略
	建材家居门店销量提升 贾同领　著	店面选址、广告投放、推广助销、空间布局、生动展示、店面运营等	门店销量提升是一个系统工程,非常系统、实战
	10 步成为最棒的建材家居门店店长 徐伟泽　著	实际方法易学易用,让员工能够迅速成长,成为独当一面的好店长	只要坚持这样干,一定能成为好店长
	手把手帮建材家居导购业绩倍增:成为顶尖的门店店员 熊亚柱　著	生动的表现形式,让普通人也能成为优秀的导购员,让门店业绩长红	读着有趣,用着简单,一本在手、业绩无忧
	建材家居经销商实战 42 章经 王庆云　著	告诉经销商:老板怎么当、团队怎么带、生意怎么做	忠言逆耳,看着不舒服就对了,实战总结,用一招半式就值了
工业品	**销售是门专业活:B2B 、工业品** 陆和平　著	销售流程就应该跟着客户的采购流程和关注点的变化向前推进,将一个完整的销售过程分成十个阶段,提供具体方法	销售不是请客吃饭拉关系,是个专业的活计!方法在手,走遍天下不愁
	解决方案营销实战案例 刘祖轲　著	用 10 个真案例讲明白什么是工业品的解决方案式营销,实战、实用	有干货、真正操作过的才能写得出来
	变局下的工业品企业 7 大机遇 叶敦明　著	产业链条的整合机会、盈利模式的复制机会、营销红利的机会、工业服务商转型机会……	工业品企业还可以这样做,思维大突破
	工业品市场部实战全指导 杜　忠　著	工业品市场部经理工作内容全指导	系统、全面、有理论、有方法,帮助工业品市场部经理更快提升专业能力

续表

工业品	**工业品营销管理实务** 李洪道　著	中国特色工业品营销体系的全面深化、工业品营销管理体系优化升级	工具更实战，案例更鲜活，内容更深化
	工业品企业如何做品牌 张东利　著	为工业品企业提供最全面的品牌建设思路	有策略、有方法、有思路、有工具
	丁兴良讲工业 4.0 丁兴良　著	没有枯燥的理论和说教，用朴实直白的语言告诉你工业 4.0 的全貌	工业 4.0 是什么？本书告诉你答案
	资深大客户经理：策略准，执行狠 叶敦明　著	从业务开发、发起攻势、关系培育、职业成长四个方面，详述了大客户营销的精髓	满满的全是干货
	一切为了订单：订单驱动下的工业品营销实战 唐道明　著	其实，所有的企业都在围绕着两个字在开展全部的经营和管理工作，那就是“订单”	开发订单、满足订单、扩大订单。本书全是实操方法，字字珠玑、句句干货，教你获得营销的胜利
金融	**交易心理分析** (美)马克·道格拉斯　著 刘真如　译	作者一语道破赢家的思考方式，并提供了具体的训练方法	不愧是投资心理的第一书，绝对经典
	精品银行管理之道 崔海鹏　何　屹　主编	中小银行转型的实战经验总结	中小银行的教材很多，实战类的书很少，可以看看
	支付战争 Eric M. Jackson　著 徐　彬　王　晓　译	PayPal 创业期营销官，亲身讲述 PayPal 从诞生到壮大到成功出售的整个历史	激烈、有趣的内幕商战故事！了解美国支付市场的风云巨变
	中外并购名著专业阅读指南 叶兴平　等著	在 5000 多本并购类图书中精选的 200 著作，在阅读的基础上写的读书评价	精挑细选 200 本并一一评介，省去读者挑选的烦恼，快捷、高效
	互联网时代的银行转型 韩友诚　著	以大量案例形式为读者全面展示和分析了银行的互联网金融转型应对之道	结合本土银行转型发展案例的书籍
房地产	**产业园区/产业地产规划、招商、运营实战** 阎立忠　著	目前中国第一本系统解读产业园区和产业地产建设运营的实战宝典	从认知、策划、招商到运营全面了解地产策划
	人文商业地产策划 戴欣明　著	城市与商业地产战略定位的关键是不可复制性，要发现独一无二的“味道”	突破千城一面的策划困局
	电影院的下一个黄金十年：开发·差异化·案例 李保煜　著	对目前电影院市场存大的问题及如何解决进行了探讨与解读	多角度了解电影院运营方式及代表性案例
能源	**全能型班组：城市能源互联网与电力班组升级** 国网天津市电力公司　编著	借鉴国内外优秀企业的转型升级思路，通过对于新型班组组织模式和运行机制的大胆设想，力图构建充分适应内外环境变化的全能型班组	看看庞大的国企在新环境下是如何顺应时代的
	国网天津电力全能型班组建设实务 国网天津市电力公司　编著	本书聚焦于天津电力公司在探索全能型班组转型升级时的优秀实践	电力行业的班组实践，具体、可操作性强
经营类：企业如何赚钱，如何抓机会，如何突破，如何“开源”			
书名．作者		内容/特色	读者价值
抓方向	**让经营回归简单．升级版** 宋新宇　著	化繁为简抓住经营本质：战略、客户、产品、员工、成长	经典，做企业就这几个关键点！
	混沌与秩序Ⅰ：变革时代企业领先之道 **混沌与秩序Ⅱ：变革时代管理新思维** 彭剑锋　尚艳玲　主编	汇集华夏基石专家团队 10 年来研究成果，集中选择了其中的精华文章编纂成册	作者都是既有深厚理论积淀又有实践经验的重磅专家，为中国企业和企业家的未来提出了高屋建瓴的观点
	活系统：跟任正非学当老板 孙行健　尹　贤　著	以任正非的独到视角，教企业老板如何经营公司	看透公司经营本质，激活企业活力

续表

抓方向	**重构:快消品企业重生之道** 杨永华　著	从7个角度,帮助企业实现系统性的改造	提供转型思想与方法,值得参考
	公司由小到大要过哪些坎 卢　强　著	老板手里的一张"企业成长路线图"	现在我在哪儿,未来还要走哪些路,都清楚了
	企业二次创业成功路线图 夏惊鸣　著	企业曾经抓住机会成功了,但下一步该怎么办?	企业怎样获得第二次成功,心里有个大框架了
	老板经理人双赢之道 陈　明　著	经理人怎养选平台、怎么开局,老板怎样选/育/用/留	老板生闷气,经理人牢骚大,这次知道该怎么办了
	简单思考:AMT咨询创始人自述 孔祥云　著	著名咨询公司(AMT)的CEO创业历程中点点滴滴的经验与思考	每一位咨询人,每一位创业者和管理经营者,都值得一读
	企业文化的逻辑 王祥伍　黄健江　著	为什么企业绩效如此不同,解开绩效背后的文化密码	少有的深刻,有品质,读起来很流畅
	使命驱动企业成长 高可为　著	钱能让一个人今天努力,使命能让一群人长期努力	对于想做事业的人,'使命'是绕不过去的
思维突破	**盈利原本就这么简单** 高可为　著	从财务的角度揭示企业盈利的秘密	多方面解读商业模式与盈利的关系,通俗易懂,受益匪浅
	移动互联新玩法:未来商业的格局和趋势 史贤龙　著	传统商业、电商、移动互联,三个世界并存,这种新格局的玩法一定要懂	看清热点的本质,把握行业先机,一本书搞定移动互联网
	画出公司的互联网进化路线图:用互联网思维重塑产品、客户和价值 李　蓓　著	18个问题帮助企业一步步梳理出互联网转型思路	思路清晰、案例丰富,非常有启发性
	重生战略:移动互联网和大数据时代的转型法则 沈　拓　著	在移动互联网和大数据时代,传统企业转型如同生命体打算与再造,称之为"重生战略"	帮助企业认清移动互联网环境下的变化和应对之道
	创造增量市场:传统企业互联网转型之道 刘红明　著	传统企业需要用互联网思维去创造增量,而不是用电子商务去转移传统业务的存量	教你怎么在"互联网+"的海洋中创造实实在在的增量
	7个转变,让公司3年胜出 李　蓓　著	消费者主权时代,企业该怎么办	这就是互联网思维,老板有能这样想,肯定倒不了
	跳出同质思维,从跟随到领先 郭　剑　著	66个精彩案例剖析,帮助老板突破行业长期思维惯性	做企业竟然有这么多玩法,开眼界
	麻烦就是需求　难题就是商机 卢根鑫　著	如何借助客户的眼睛发现商机	什么是真商机,怎么判断、怎么抓,有借鉴
	互联网+"变"与"不变":本土管理实践与创新论坛集萃·2016 本土管理实践与创新论坛　著	加速本土管理思想的孕育诞生,促进本土管理创新成果更好地服务企业、贡献社会	各个作者本年度最新思想,帮助读者拓宽眼界、突破思维
	消费升级:实践　研究(文集) 本土管理实践与创新论坛　著	38位管理专家及7位学者的精华思想,从经营、管理、行业及思想研究四个方面阐述中国企业在消费升级下的实践与研究	思想启发,行业借鉴
财务	**写给企业家的公司与家庭财务规划——从创业成功到富足退休** 周荣辉　著	本书以企业的发展周期为主线,写各阶段企业与企业主家庭的财务规划	为读者处理人生各阶段企业与家庭的财务问题提供建议及方法,让家庭成员真正享受财富带来的益处
	互联网时代的成本观 程　翔　著	本书结合互联网时代提出了成本的多维观,揭示了多维组合成本的互联网精神和大数据特征,论述了其产生背景、实现思路和应用价值	在传统成本观下为盈利的业务,在新环境下也许就成为亏损业务。帮助管理者从新的角度来看待成本,进一步做好精益管理

续表

财务	财报背后的投资机会 蒋 豹 著	以具体的公司案例分析，教你迅速看出财务报表与企业经营的关系、所反映的企业经营现状，从而找到投资机会	前四大会计所员工为读者解密财报，发现投资机会
管理类：效率如何提升，如何实现经营目标，如何“节流”			
	书名．作者	内容/特色	读者价值
通用管理	让管理回归简单·升级版 宋新宇 著	从目标、组织、决策、授权、人才和老板自己层面教你怎样做管理	帮助管理抓住管理的要害，让管理变得简单
	让经营回归简单·升级版 宋新宇 著	从战略、客户、产品、员工、成长、经营者自身等七个方面，归纳总结出简单有效的经营法则	总结出的真正优秀企业的成功之道：简单
	让用人回归简单 宋新宇 著	从用人的原则、用人的难题与误区、用人的方法和用人者的修炼四大方面，总结出适合中小企业做好人才管理工作的法则	帮助管理者抓住用人的要害，让用人变得简单
	历史深处的管理智慧1：组织建设与用人之道 刘文瑞 著	对历史之典故、政事、人事、政制进行管理解析，鉴照企业人才的选用育留	推动理论与实践的对接，实现理性与情感的渗透，用中国话语说明管理智慧
	历史深处的管理智慧2：战略决策与经营运作 刘文瑞 著	对历史之典故、政事、人事、政制进行管理解析，鉴照企业战略设计与经营实践	推动理论与实践的对接，实现理性与情感的渗透，用中国话语说明管理智慧
	历史深处的管理智慧3：领导修炼与文化素养 刘文瑞 著	对历史之典故、政事、人事、政制进行管理解析，鉴照企业领导职业能力提升与文化修养	推动理论与实践的对接，实现理性与情感的渗透，用中国话语说明管理智慧
	管理的尺度 刘文瑞 著	对管理中的种种普遍性问题进行了批评	提高把握管理尺度的能力
	管理学在中国 刘文瑞 著	系统性介绍了管理学在中国的发展和演变	了解管理学在中国的发展脉络，更清晰理解管理学的本质
	看电影，懂管理 刘文瑞 著	16部经典电影，带你感悟管理智慧	能够帮助读者放松身心，驰骋想象，在不知不觉中增长智慧
	管理：以规则驾驭人性 王春强 著	详细解读企业规则的制定方法	从人与人博弈角度提升管理的有效性
	员工心理学超级漫画版 邢 雷 著	以漫画的形式深度剖析员工心理	帮助管理者更了解员工，从而更轻松地管理员工
	老板有想法，高层有干法：企业中的将帅之道 王清华 著	深入剖析老板与高管的异同	各司其职，各行其是，相辅相成
	分股合心：股权激励这样做 段磊 周剑 著	通过丰富的案例，详细介绍了股权激励的知识和实行方法	内容丰富全面、易读易懂，了解股权激励，有这一本就够了
	边干边学做老板 黄中强 著	创业20多年的老板，有经验、能写、又愿意分享，这样的书很少	处处共鸣，帮助中小企业老板少走弯路
	成为敏感而体贴的公司 王 涛 著	本书为作者对企业的观察和冥想的随笔记录。从生活中的一个现象入手，进而探索现象背后的本质	从全新角度认识公司
	中国企业的觉醒：正直 善良 成长 王 涛 著	围绕着企业人如何发生转化展开，对中国人、中国文化及由此导致的企业现状的观察和思考	企业除了要利润，还需要道德
	有意识的思考：轻松化解问题的7个思考习惯 王 涛 著	本书是对思想、思考过程、思考方式进行的细致观察	养成好的思考习惯，更深刻地看问题
	中国式阿米巴落地实践之从交付到交易 胡八一 著	本书主要讲述阿米巴经营会计，“从交付到交易”，这是成功实施了阿米巴的标志	阿米巴经营会计的工作是有逻辑关联的，一本书就能搞定

续表

通用管理	**中国式阿米巴落地实践之激活组织** 胡八一　著	重点讲解如何科学划分阿米巴单元，阐述划分的实操要领、思路、方法、技术与工具	最大限度减少"推行风险"和"摸索成本"，利于公司成功搭建适合自身的个性化阿米巴经营体系
	中国式阿米巴落地实践之持续盈利 胡八一　著	把企业做成平台，企业才能做大（格局）；把平台做成阿米巴，企业才能做强（专业）；把阿米巴做成合伙制，企业才能做久（机制）	中国式阿米巴落地实践三部曲的最后一部，告诉你企业如何做大做强做久
	集团化企业阿米巴实战案例 初勇钢　著	一家集团化企业阿米巴实施案例	指导集团化企业系统实施阿米巴
	阿米巴经营的中国模式 李志华　著	让员工从"要我干"到"我要干"，价值量化出来	阿米巴在企业如何落地，明白思路了
	欧博心法：好管理靠修行 曾　伟　著	用佛家的智慧，深刻剖析管理问题，见解独到	如果真的有'中国式管理'，曾老师是其中标志性人物
	领导这样点燃你的下属 孟广桥　著	领导者如何才能让员工积极主动地工作？如何让你的员工和下属保持工作的热情，自动自发？看了这本书就知道	只要你希望手下的"兵将"永远充满工作的斗志，这本书将使你获益良多
流程管理	**1. 用流程解放管理者** **2. 用流程解放管理者2** 张国祥　著	中小企业阅读的流程管理、企业规范化的书	通俗易懂，理论和实践的结合恰到好处
	跟我们学建流程体系 陈立云　著	畅销书《跟我们学做流程管理》系列，更实操，更细致，更深入	更多地分享实践，分享感悟，从实践总结出来的方法论
	人人都要懂流程 金国华　余雅丽　著	当前各企业流程管理方面最为典型的痛点现象及问题案例	通俗易懂，适合企业全员阅读
质量管理	**IATF16949质量管理体系详解与案例文件汇编：TS16949转版IATF16949：2016** 谭洪华　著	针对IATF的新标准做了详细的解说，同时指出了一些推行中容易犯的错误，提供了大量的表单、案例	案例、表单丰富，拿来就用
	五大质量工具详解及运用案例：APQP/FMEA/PPAP/MSA/SPC 谭洪华　著	对制造业必备的五大质量工具中每个文件的制作要求、注意事项、制作流程、成功案例等进行了解读	通俗易懂、简便易行，能真正实现学以致用
	ISO9001：2015新版质量管理体系详解与案例文件汇编 谭洪华　著	紧密围绕2015年新版质量管理体系文件逐条详细解读，并提供可以直接套用的案例工具，易学易上手	企业质量管理认证、内审必备
	ISO14001：2015新版环境管理体系详解与案例文件汇编 谭洪华　著	紧密围绕2015年新版环境管理体系文件逐条详细解读，并提供可以直接套用的案例工具，易学易上手	企业环境管理认证、内审必备
	SA8000：2014社会责任管理体系认证实战 吕　林　著	作者根据自己的操作经验，按认证的流程，以相关案例进行说明SA8000认证体系	简单，实操性强，拿来就能用
	精益质量管理实战工具 贺小林　著	制造类企业日常工作中所需要的精益管理工具的归纳整理，并进行案例操作的细致分析	可以直接参考，实际解决生产中的具体问题
战略落地	**重生——中国企业的战略转型** 施　炜　著	从前瞻和适用的角度，对中国企业战略转型的方向、路径及策略性举措提出了一些概要性的建议和意见	对企业有战略指导意义
	公司大了怎么管：从靠英雄到靠组织 AMT金国华　著	第一次详尽阐释中国快速成长型企业的特点、问题及解决之道	帮助快速成长型企业领导及管理团队理清思路，突破瓶颈

续表

战略落地	**低效会议怎么改:每年节省一半会议成本的秘密** AMT 王玉荣　著	教你如何系统规划公司的各级会议,一本工具书	教会你科学管理会议的办法
	年初订计划,年尾有结果:战略落地七步成诗 AMT 郭晓　著	7 个步骤教会你怎么让公司制定的战略转变为行动	系统规划,有效指导计划实现
人力资源	**HRBP 是这样炼成的之"菜鸟起飞"** 新　海　著	以小说的形式,具体解析 HRBP 的职责,应该如何操作,如何为业务服务	实践者的经验分享,内容实务具体,形式有趣
	HRBP 是这样炼成的之中级修炼 新　海　著	本书以案例故事的方式,介绍了 HRBP 在实际工作中碰到的问题和挑战	书中的 HR 解决方案讲究因时因地制宜、简单有效的原则,重在启发读者思路,可供各类企业 HRBP 借鉴
	HRBP 是这样炼成的之高级修炼 新　海　著	以故事的形式,展现了 HRBP 工作者在职业发展路上的层层深入和递进	为读者提供 HRBP 在实际工作中遇到种种问题的解决方案
	把面试做到极致:首席面试官的人才甄选法 孟广桥　著	作者用自己几十年的人力资源经验总结出的一套实用的确定岗位招聘标准、提升面试官技能素质的简便方法	面试官必备,没有空泛理论,只有巧妙的实操技能
	人力资源体系与 e-HR 信息化建设 刘书生　陈　莹　王美佳　著	将作者经历的人力资源管理变革、人力资源管理信息化咨询项目方法论、工具和成果全面展现给读者,使大家能够将其快速应用到管理实践中	系统性非常强,没有废话,全部是浓缩的干货
	回归本源看绩效 孙　波　著	让绩效回顾"改进工具"的本源,真正为企业所用	确实是来源于实践的思考,有共鸣
	世界 500 强资深培训经理人教你做培训管理 陈　锐　著	从 7 大角度具体细致地讲解了培训管理的核心内容	专业、实用、接地气
	曹子祥教你做激励性薪酬设计 曹子祥　著	以激励性为指导,系统性地介绍了薪酬体系及关键岗位的薪酬设计模式	深入浅出,一本书学会薪酬设计
	曹子祥教你做绩效管理 曹子祥　著	复杂的理论通俗化,专业的知识简单化,企业绩效管理共性问题的解决方案	轻松掌握绩效管理
	把招聘做到极致 远　鸣　著	作为世界 500 强高级招聘经理,作者数十年招聘经验的总结分享	带来职场思考境界的提升和具体招聘方法的学习
	人才评价中心.超级漫画版 邢　雷　著	专业的主题,漫画的形式,只此一本	没想到一本专业的书,能写成这效果
	走出薪酬管理误区 全怀周　著	剖析薪酬管理的 8 大误区,真正发挥好枢纽作用	值得企业深读的实用教案
	集团化人力资源管理实践 李小勇　著	对搭建集团化的企业很有帮助,务实,实用	最大的亮点不是理论,而是结合实际的深入剖析
	我的人力资源咨询笔记 张　伟　著	管理咨询师的视角,思考企业的 HR 管理	通过咨询师的眼睛对比很多企业,有启发
	本土化人力资源管理 8 大思维 周　剑　著	成熟 HR 理论,在本土中小企业实践中的探索和思考	对企业的现实困境有真切体会,有启发

续表

企业文化	**36个拿来就用的企业文化建设工具** 海融心胜　主编	数十个工具，为了方便拿来就用，每一个工具都严格按照工具属性、操作方法、案例解读划分，实用、好用	企业文化工作者的案头必备书，方法都在里面，简单易操作
	企业文化建设超级漫画版 邢　雷　著	以漫画的形式系统教你企业文化建设方法	轻松易懂好操作
	华夏基石方法：企业文化落地本土实践 王祥伍　谭俊峰　著	十年积累、原创方法、一线资料，和盘托出	在文化落地方面真正有洞察，有实操价值的书
	企业文化的逻辑 王祥伍　著	为什么企业之间如此不同，解开绩效背后的文化密码	少有的深刻，有品质，读起来很流畅
	企业文化激活沟通 宋杼宸　安　琪　著	透过新任HR总经理的眼睛，揭示出沟通与企业文化的关系	有实际指导作用的文化落地读本
	在组织中绽放自我：从专业化到职业化 朱仁健　王祥伍　著	个人如何融入组织，组织如何助力个人成长	帮助企业员工快速认同并投入到组织中去，为企业发展贡献力量
	企业文化定位·落地一本通 王明胤　著	把高深枯燥的专业理论创建成一套系统化、实操化、简单化的企业文化缔造方法	对企业文化不了解，不会做？有这一本从概念到实操，就够了
生产管理	**精益思维：中国精益如何落地** 刘承元　著	笔者二十余年企业经营和咨询管理的经验总结	中国企业需要灵活运用精益思维，推动经营要素与管理机制的有机结合，推动企业管理向前发展
	300张现场图看懂精益5S管理 乐　涛　编著	5S现场实操详解	案例图解，易懂易学
	高员工流失率下的精益生产 余伟辉　著	中国的精益生产必须面对和解决高员工流失率问题	确实来源于本土的工厂车间，很务实
	车间人员管理那些事儿 岑立聪　著	车间人员管理中处理各种“疑难杂症”的经验和方法	基层车间管理者最闹心、头疼的事，‘打包’解决
	1. 欧博心法：好管理靠修行 **2. 欧博心法：好工厂这样管** 曾　伟　著	他是本土最大的制造业管理咨询机构创始人，他从400多个项目、上万家企业实践中锤炼出的欧博心法	中小制造型企业，一定会有很强的共鸣
	欧博工厂案例1：生产计划管控对话录 **欧博工厂案例2：品质技术改善对话录** **欧博工厂案例3：员工执行力提升对话录** 曾　伟　著	最典型的问题、最详尽的解析，工厂管理9大问题27个经典案例	没想到说得这么细，超出想象，案例很典型，照搬都可以了
	工厂管理实战工具 欧博企管　编著	以传统文化为核心的管理工具	适合中国工厂
	苦中得乐：管理者的第一堂必修课 曾　伟　编著	曾伟与师傅大愿法师的对话，佛学与管理实践的碰撞，管理禅的修行之道	用佛学最高智慧看透管理
	比日本工厂更高效1：管理提升无极限 刘承元　著	指出制造型企业管理的六大积弊；颠覆流行的错误认知；掌握精益管理的精髓	每一个企业都有自己不同的问题，管理没有一剑封喉的秘笈，要从现场、现物、现实出发
	比日本工厂更高效2：超强经营力 刘承元　著	企业要获得持续盈利，就要开源和节流，即实现销售最大化，费用最小化	掌握提升工厂效率的全新方法

续表

生产管理	**比日本工厂更高效 3:精益改善力的成功实践** 刘承元　著	工厂全面改善系统有其独特的目的取向特征,着眼于企业经营体质(持续竞争力)的建设与提升	用持续改善力来飞速提升工厂的效率,高效率能够带来意想不到的高效益
	3A 顾问精益实践 1:IE 与效率提升 党新民　苏迎斌　蓝旭日　著	系统的阐述了 IE 技术的来龙去脉以及操作方法	使员工与企业持续获利
	3A 顾问精益实践 2:JIT 与精益改善 肖志军　党新民　著	只在需要的时候,按需要的量,生产所需的产品	提升工厂效率
	手把手教你做专业的生产经理 黄　娜　著	物流、信息流、资金流,让生产经理管理有抓手	从菜鸟到能把控全局
员工素质提升	**TTT 培训师精进三部曲(上):深度改善现场培训效果** 廖信琳　著	现场把控不用慌,这里有妙招一用就灵	课程现场无论遇到什么样的情况都能游刃有余
	TTT 培训师精进三部曲(中):构建最有价值的课程内容 廖信琳　著	这样做课程内容,学员有收获培训师也有收获	优质的课程内容是树立个人品牌的保证
	TTT 培训师精进三部曲(下):职业功力沉淀与修为提升 廖信琳　著	从内而外提升自己,职业的道路一帆风顺	走上职业 TTT 内训师的康庄大道
	培训师,如何让你的事业长青:自我管理的 10 项法则 廖信琳　著	建立了一套完整的培训师自我管理体系,为培训师的职业成长与发展提供有益的指引	培训师如何在自己的职业道路上越走越高,事业长青,一直有所收获与成长? 本书将给你答案
	管理咨询师的第一本书:百万年薪 千万身价 熊亚柱　著	从问题出发,发现问题、分析问题、解决问题,让两眼一抹黑的新人快速成长	管理咨询师初入职场,让这本书开启百万年薪之路
	手把手教你做专业督导:专卖店、连锁店 熊亚柱　著	从督导的职能、作用,在工作中需要的专业技能、方法,都提供了详细的解读和训练办法,同时附有大量的表单工具	无论是店铺需要统一培训,还是个人想成为优秀的督导,有这一本就够了
	跟老板"偷师"学创业 吴江萍　余晓雷　著	边学边干,边观察边成长,你也可以当老板	不同于其他类型的创业书,让你在工作中积累创业经验,一举成功
	销售轨迹:一位快消品营销总监的拼搏之路 秦国伟　著	本书讲述了一个普通销售员打拼成为跨国企业营销总监的真实奋斗历程	激励人心,给广大销售员以力量和鼓舞
	在组织中绽放自我:从专业化到职业化 朱仁健　王祥伍　著	个人如何融入组织,组织如何助力个人成长	帮助企业员工快速认同并投入到组织中去,为企业发展贡献力量
	企业员工弟子规:用心做小事,成就大事业 贾同领　著	从传统文化《弟子规》中学习企业中为人处事的办法,从自身做起	点滴小事,修养自身,从自身的改善得到事业的提升
	手把手教你做顶尖企业内训师:TTT 培训师宝典 熊亚柱　著	从课程研发到现场把控、个人提升都有涉及,易读易懂,内容丰富全面	想要做企业内训师的员工有福了,本书教你如何抓住关键,从入门到精通
	客诉处理金手指:客户投诉的应对与管理 孟广桥　著	立足于投诉处理的实践,剖析了不同投诉者投诉的特点和应对措施,并提供各种技巧方法、赢得客户信赖所需培养的品质修炼、处理投诉应掌握的法律法规等工具	是投诉处理人员适应岗位职能需要、提升工作技能的良师益友,是企业变诉为金、培养业务骨干的法宝

续表

营销类:把客户需求融入企业各环节,提供"客户认为"有价值的东西			
书名 . 作者		内容/特色	读者价值
营销模式	精品营销战略 杜建君　著	以精品理念为核心的精益战略和营销策略	用精品思维赢得高端市场
	变局下的营销模式升级 程绍珊　叶　宁　著	客户驱动模式、技术驱动模式、资源驱动模式	很多行业的营销模式被颠覆,调整的思路有了!
	卖轮子 科克斯【美】	小说版的营销学!营销理念巧妙贯穿其中,贵在既有趣,又有深度	经典、有趣!一个故事读懂营销精髓
	动销操盘:节奏掌控与社群时代新战法 朱志明　著	在社群时代把握好产品生产销售的节奏,解析动销的症结,寻找动销的规律与方法	都是易读易懂的干货!对动销方法的全面解析和操盘
	弱势品牌如何做营销 李政权　著	中小企业虽有品牌但没名气,营销照样能做的有声有色	没有丰富的实操经验,写不出这么具体、详实的案例和步骤,很有启发
	老板如何管营销 史贤龙　著	高段位营销16招,好学好用	老板能看,营销人也能看
	洞察人性的营销战术:沈坤教你28式 沈　坤　著	28个匪夷所思的营销怪招令人拍案叫绝,涉及商业竞争的方方面面,大部分战术可以直接应用到企业营销中	各种谋略得益于作者的横向思维方式,将其操作过的案例结合其中,提供的战术对读者有参考价值
	动销:产品是如何畅销起来的 吴江萍　余晓雷　著	真真切切告诉你,产品究竟怎么才能卖出去	击中痛点,提供方法,你值得拥有
	1000铁杆女粉丝 张兵武　著	连接是女性与生俱来的特质。能善用连接的营销人员,就像拿到打开女性荷包的钥匙	重新认识女性的传播力量
	360°谈营销:一位营销咨询师20年实战洞察 王清华　古怀亮　著	各个角度,全方位,多视点剥营销	思路单一,此书帮你破
	营销按钮:扣动一触即发的力量 老　苗　著	提供各种奇形怪状的营销武器	一定会带给你不一样的思维震撼
销售	资深大客户经理:策略准,执行狠 叶敦明　著	从业务开发、发起攻势、关系培育、职业成长四个方面,详述了大客户营销的精髓	满满的全是干货
	成为资深的销售经理:B2B、工业品 陆和平　著	围绕"销售管理的六个关键控制点"一一展开,提供销售管理的专业、高效方法	方法和技术接地气,拿来就用,从销售员成长为经理不再犯难
	销售是门专业活:B2B、工业品 陆和平　著	销售流程就应该跟着客户的采购流程和关注点的变化向前推进,将一个完整的销售过程分成十个阶段,提供具体方法	销售不是请客吃饭拉关系,是个专业的活计!方法在手,走遍天下不愁
	向高层销售:与决策者有效打交道 贺兵一　著	一套完整有效的销售策略	有工具,有方法,有案例,通俗易懂
	卖轮子 科克斯　【美】	小说版的营销学!营销理念巧妙贯穿其中,贵在既有趣,又有深度	经典、有趣!一个故事读懂营销精髓
	学话术　卖产品 张小虎　著	分析常见的顾客异议,将优秀的话术模块化	让普通导购员也能成为销售精英
组织和团队	升级你的营销组织 程绍珊　吴越舟　著	用"有机性"的营销组织替代"营销能人",营销团队变成"铁营盘"	营销队伍最难管,程老师不愧是营销第1操盘手,步骤方法都很成熟
	用数字解放营销人 黄润霖　著	通过量化帮助营销人员提高工作效率	作者很用心,很好的常备工具书

续表

组织和团队	成为优秀的快消品区域经理（升级版） 伯建新　著	用“怎么办”分析区域经理的工作关键点，增加30%全新内容，更贴近环境变化	可以作为区域经理的“速成催化器”
	成为资深的销售经理：B2B、工业品 陆和平　著	围绕“销售管理的六个关键控制点”一一展开，提供销售管理的专业、高效方法	方法和技术接地气，拿来就用，从销售员成长为经理不再犯难
	一位销售经理的工作心得 蒋　军　著	一线营销管理人员想提升业绩却无从下手时，可以看看这本书	一线的真实感悟
	快消品营销：一位销售经理的工作心得2 蒋　军　著	快消品、食品饮料营销的经验之谈，重点突出	来源于实战的精华总结
	销售轨迹：一位快消品营销总监的拼搏之路 秦国伟　著	本书讲述了一个普通销售员打拼成为跨国企业营销总监的真实奋斗历程	激励人心，给广大销售员以力量和鼓舞
	用营销计划锁定胜局：用数字解放营销人2 黄润霖　著	全方位教你怎么做好营销计划，好学好用真简单	照搬套用就行，做营销计划再也不头痛
	快消品营销人的第一本书：从入门到精通 刘　雷　伯建新　著	快消行业必读书，从入门到专业	深入细致，易学易懂
产品	产品开发管理方法·流程·工具：从作坊式到规范化 任彭枞　著	产品研发管理体系全指导	既有工具，又能开拓思路
	新产品开发管理，就用IPD（升级版） 郭富才　著	10年IPD研发管理咨询总结，国内首部IPD专业著作	一本书掌握IPD管理精髓
	这样打造大单品：案例　策略　方法 迪智成咨询团队　著	囊括十三个不同行业、企业的实际案例，从不同角度详细剖析、总结了这些品牌厂家打造大单品的成功经验或者失败教训	厘清大单品打造的策划与路径，得出持续经营的思路与方法
	资深项目经理这样做新产品开发管理 秦海林　著	以IPD为思想，系统讲解新产品开管理的细节	提供管理思路和实用工具
	产品炼金术Ⅰ：如何打造畅销产品 史贤龙　著	满足不同阶段、不同体量、不同行业企业对产品的完整需求	必须具备的思维和方法，避免在产品问题上走弯路
	产品炼金术Ⅱ：如何用产品驱动企业成长 史贤龙　著	做好产品、关注产品的品质，就是企业成功的第一步	必须具备的思维和方法，避免在产品问题上走弯路
品牌	中小企业如何建品牌 梁小平　著	中小企业建品牌的入门读本，通俗、易懂	对建品牌有了一个整体框架
	采纳方法：破解本土营销8大难题 朱玉童　编著	全面、系统、案例丰富、图文并茂	希望在品牌营销方面有所突破的人，应该看看
	中国品牌营销十三战法 朱玉童　编著	采纳20年来的品牌策划方法，同时配有大量的案例	众包方式写作，丰富案例给人启发，极具价值
	今后这样做品牌：移动互联时代的品牌营销策略 蒋　军　著	与移动互联紧密结合，告诉你老方法还能不能用，新方法怎么用	今后这样做品牌就对了
	中小企业如何打造区域强势品牌 吴　之　著	帮助区域的中小企业打造自身品牌，如何在强壮自身的基础上往外拓展	梳理误区，系统思考品牌问题，切实符合中小区域品牌的自身特点进行阐述
渠道通路	深度分销：掌控渠道价值链 施　炜　著	制造商通过掌控渠道价值链，将管理触角延伸至零售层面及顾客现场，对市场根部精耕细作，从而挖掘需求，构筑区域市场尤其是三四级市场的竞争壁垒	深度分销是中国企业对世界营销的独特贡献。实践证明，互联网时代深度分销仍有生命力
	快消品营销与渠道管理 谭长春　著	将快消品标杆企业渠道管理的经验和方法分享出来	可口可乐、华润的一些具体的渠道管理经验，实战

续表

渠道通路	**传统行业如何用网络拿订单** 张　进　著	给老板看的第一本网络营销书	适合不懂网络技术的经营决策者看
	采纳方法:化解渠道冲突 朱玉童　编著	系统剖析渠道冲突,21 个渠道冲突案例、情景式讲解,37 篇讲义	系统、全面
	学话术　卖产品 张小虎　著	分析常见的顾客异议,将优秀的话术模块化	让普通导购员也能成为销售精英
	向高层销售:与决策者有效打交道 贺兵一　著	一套完整有效的销售策略	有工具,有方法,有案例,通俗易懂
	通路精耕操作全解:快消品 20 年实战精华 周　俊　陈小龙　著	通路精耕的详细全解,每一步的具体操作方法和表单全部无保留提供	康师傅二十年的经验和精华,实践证明的最有效方法,教你如何主宰通路

管理者读的文史哲·生活

书名．作者		内容/特色	读者价值
思想·文化	**德鲁克管理思想解读** 罗　珉　著	用独特视角和研究方法,对德鲁克的管理理论进行了深度解读与剖析	不仅是摘引和粗浅分析,还是作者多年深入研究的成果,非常可贵
	德鲁克与他的论敌们:马斯洛、戴明、彼得斯 罗　珉　著	几位大师之间的论战和思想碰撞令人受益匪浅	对大师们的观点和著作进行了大量的理论加工,去伪存真、去粗存精,同时有自己独特的体系深度
	德鲁克管理学 张远凤　著	本书以德鲁克管理思想的发展为线索,从一个侧面展示了 20 世纪管理学的发展历程	通俗易懂,脉络清晰
	王阳明"万物一体"论:从"身－体"的立场看(修订版) 陈立胜　著	以身体哲学分析王阳明思想中的"仁"与"乐"	进一步了解传统文化,了解王阳明的思想
	自我与世界:以问题为中心的现象学运动研究 陈立胜　著	以问题为中心,对现象学运动中的"意向性""自我""他人""身体"及"世界"各核心议题之思想史背景与内在发展理路进行深入细致的分析	深入了解现象学中的几个主要问题
	作为身体哲学的中国古代哲学 张再林　著	上篇为中国古代身体哲学理论体系奠基性部分,下篇对由"上篇"所开出的中国身体哲学理论体系的进一步的阐发和拓展	了解什么是真正原生态意义上的中国哲学,把中国传统哲学与西方传统哲学加以严格区别
	中西哲学的歧异与会通 张再林　著	本书以一种现代解释学的方法,对中国传统哲学内在本质尝试一种全新的和全方位的解读	发掘出掩埋在古老传统形式下的现代特质和活的生命,在此基础上揭示中西哲学"你中有我,我中有你"之旨
	治论:中国古代管理思想 张再林　著	本书主要从儒、法墨三家阐述中国古代管理思想	看人本主义的管理理论如何不留斧痕地克服似乎无法调解的存在于人类社会行为与社会组织中的种种两难和对立
	车过麻城　再晤李贽 张再林　著	系统全面而又简明扼要地展示了李贽独到的学术眼力和超拔的理论建树	帮助读者重新认识李贽的思想
	中国古代政治制度(修订版)上:皇帝制度与中央政府 刘文瑞　著	全面论证了古代皇帝制度的形成和演变的历程	有助于读者从政治制度角度了解中国国情的历史渊源
	中国古代政治制度(修订版)下:地方体制与官僚制度 刘文瑞　著	全面论证了古代地方政府的发展演变过程	有助于读者从政治制度角度了解中国国情的历史渊源
	中国思想文化十八讲(修订版) 张茂泽　著	中国古代的宗教思想文化,如对祖先崇拜、儒家天命观、中国古代关于"神"的讨论等	宗教文化和人生信仰或信念紧密相联,在文化转型时期学习和研究中国宗教文化就有特别的现实意义

续表

思想·文化	**史幼波《大学》讲记** 史幼波　著	用儒释道的观点阐释大学的深刻思想	一本书读懂传统文化经典
	史幼波《周子通书》《太极图说》讲记 史幼波　著	把形而上的宇宙、天地，与形而下的社会、人生、经济、文化等融合在一起	将儒家的一整套学修系统融合起来
	史幼波《中庸》讲记(上下册) 史幼波　著	全面、深入浅出地揭示儒家中庸文化的真谛	儒释道三家思想融会贯通
	梁涛讲《孟子》之万章篇 梁　涛　著	《万章》主要记录孟子与万章的对话，涉及孝道、亲情、友情、出仕为官等	作者的解读能帮助读者更好地理解孟子及儒学
	两晋南北朝十二讲(修订版) 李文才　著	作为一本普及性读物，作者尊重史实，运用"历史心理学"的叙事方法，分12个专题对两晋南北朝的历史进行阐述	让读者轻松了解两晋南北朝的历史
	每个中国人身上的春秋基因 史贤龙　著	春秋368年(公元前770－公元前403年)，每一个中国人都可以在这段时期的历史中找到自己的祖先，看到真实发生的事件，同时也看到自己	长情商、识人心
	与《老子》一起思考:德篇 史贤龙　著	打通文史，回归哲慧，纵贯古今，放眼中外，妙语迭出，在当今的老子读本中别具一格	深读有深读的回味，浅尝有浅尝的机敏，可给读者不同的启发
	说服天下:《鬼谷子》的中国沟通术 翟玉忠　著	由内圣而外王，从心力的培育到具体的说服理论，再到生动的说服案例	从商业到军事再到日常生活，沟通说服已经变得越来越重要
	读《管子》，知天下财富:轻重术与中国古典经济思想 翟玉忠　著	中国农业社会规模庞大的市场产生了复杂发展的经济理论——以《管子》轻重十六篇为核心的轻重术	本书分为道、术两大部分，有思想、有谋略，相信你会从中有所收获
	中国商道:从古典商书说开去 翟玉忠　著	对中国先秦和明清两个商品经济大发展时期商业典籍的第一次系统整理和诠释	中华商道一脉相承，造就了无数商业奇迹，成就了无数商业巨子。今人读之，必能获益
	跟陈忠建学写名家书法Ⅰ **跟陈忠建学写名家书法Ⅱ** 陈忠建　著	中国台湾著名书法教育家，用视频手把手教你摹写历代名家笔触	用拟古千字文的形式，学习名家的技巧
	像美国人一样讲话:教你记住800句最地道的美语 马方旭　著	本书基本囊括了在美国最常用最地道的800习惯用语表达，包含中英双语翻译，以及清晰明了的注解帮助增强记忆，加入视频等流行的记忆方法	易读易懂，趣味十足
	郑子太极拳理拳法 杨竣雄　著	走进郑子太极拳完整训练体系的大门，随着书中另一主角——师父的课程安排与每日功课的练习	当您学完这套书后，在掌握拳架的同时具备诸多正确的太极理念与系统知识
	内功太极拳训练教程 王铁仁　编著	杨式(内功)太极拳(俗称老六路)的详细介绍及具体修炼方法，身心的一次升华	书中含有大量图解并有相关视频供读者同步学习
	中医治心脏病 马宝琳　著	引用众多真实案例，客观真实地讲述了中西医对于心脏病的认识及治疗方法	看完这本书，能为您节约10万元医药费